和商实学

和商の実学

日本邮购帝国缔造者　　与三位友人的对话

[日] 矢崎胜彦 著

魏如祥 译

幸福社会的実践の創始者

不断创新与公共幸福

京都论坛：日本财阀的经营与慈善之道
——日本通贩新闻社2011年第56届通贩(邮购)产值排名调查结果：
芬理希梦公司排名日本第六位

芬理希梦（Felissimo）
是一家与全球上千万会员共创幸福生活的企业
——邮购是现在的自己送给未来自己的礼物。一个邮购帝国从
100个产品到100万个会员再到100万个小时的发展轨迹，探寻
拥有600万日本本土会员，170万中国会员，全球近上千万会
员，年销售额上千亿日元的全球邮购帝国的成功背后的奥秘。

中国发展出版社
CHINA DEVELOPMENT PRESS

图书在版编目（CIP）数据

和商实学：日本邮购帝国缔造者与三位学者的对话/（日）
矢琦胜彦著．—北京：中国发展出版社，2013.12
ISBN 978 - 7 - 5177 - 0076 - 0

Ⅰ.①和⋯　Ⅱ.①矢⋯　Ⅲ.①企业经营管理—经验—日本
Ⅳ.①F279.313

中国版本图书馆 CIP 数据核字（2013）第 315601 号

书　　　名：和商实学：日本邮购帝国缔造者与三位学者的对话
著作责任者：（日）矢琦胜彦
出 版 发 行：中国发展出版社
　　　　　　（北京市西城区百万庄大街 16 号 8 层　　100037）

标 准 书 号：ISBN 978 - 7 - 5177 - 0076 - 0
经　销　者：各地新华书店
印　刷　者：三河市文昌印刷装订厂
开　　　本：700mm×1000mm　1/16
印　　　张：14.25
字　　　数：153 千字
版　　　次：2013 年 12 月第 1 版
印　　　次：2013 年 12 月第 1 次印刷
定　　　价：35.00 元

联 系 电 话：(010) 68990535　68990692
购 书 热 线：(010) 68990682　68990686
网 络 订 购：http://zgfzcbs.tmall.com
网 购 电 话：(010) 68990639　88333349
本 社 网 址：http://www.develpress.com.cn
电 子 邮 件：10561295@qq.com

目录

第一篇

私论·公论·公共论

"胜己之友会"春季特别学习会

举办时间：2013 年 4 月 21 日

举办场所：日本丽嘉皇家大酒店 NCB

对 话 者：沟口雄三先生（东京大学名誉教授）

沟口雄三先生简介

1932 年生于名古屋。考入东京大学当年家业破产。以一己之力开创事业，自食其力大学毕业。在步入管理轨道的 30 多岁时，立志向学成为研究生，身兼"学者"和"企业家"两种身份。因恩师的一句话而告别企业家的身份，全身心投入中国思想史研究，主要关注社会和政治方面，已出版《中国前近代思想的曲折和展开》（东京大学出版会，1980）、《中国的公和私》（研文出版，1995）等诸多专著。深入研究和思考欧洲和中国的"近代"思想方面，在 2007 年东大出版会推出的《中国思想史》中，提出源于人的"人格"和"道德"的乡约运动，是中国的"自治"思想方面的起源。并将"自治"与公共事业及军队创设相联系，分析出"自治"形成辛亥革命的土壤。剖析了与西方排他性革命不同的欧亚大陆文化的本质。

另外，着手解读多达 140 卷并记录朱熹言行的《朱子语录》，这是项预计耗时 20 年的翻译事业。在这项跨越几代人的事业中，众多门人弟子踊跃合作。盛和塾（大阪）矢崎胜彦理事长所著的《信赖农园物语》一书中找出了超越欧洲近代的实践，给予其热情的行为支持。

小　结

矢崎胜彦先生最近出版了《信赖农园物语》（地涌社，中国发展出版社2012年出中文版）一书，有幸拜读后，兴奋莫名。我虽说从事学术研究40年，出版各类论著100余种，写书评却非余之强项，到目前为止也不过写了三四篇，但这次却仿佛有股莫名的动力在身后推动，便不由自主地开始动笔了。为了将如此优秀的书介绍给大家，我将书评发表在《一周读书人》这份报纸上。在书评中，主要围绕了"本我"这个关键词展开。文章发表后，旋即收到了矢崎胜彦先生的来信，邀请我在"胜己之友会"上也讲讲"本我"。

我是《胜己之友》的忠实读者。我觉得在座的各位企业家都是抱着"自力更生最强，自我依靠最强"这样的信念奋斗着。为此，我曾经询问一位身居大型企业董事的朋友："是什么力量让你成为董事的？""上司的赏识，"他回答说。非常谦虚的回答，但果真如此吗？我感觉他回避了我的提问。与我的这位朋友相比，在座的各位企业家都是凭借一己之力披荆斩棘才有今天的成就。因此我认为，企业的招牌就是人格，企业的成功则是凭借各位的人格魅力！

"前进还是后退，精简还是保留，增加还是减少"，企业家们经常不得不面对各种抉择。如何才能让决策合理化，让彼此（上司与下属）都能接受呢？此外，还有对自我的质疑。也许你会有不安和后悔，时不时地会想，"不会失败吧？""是不是本应如此啊？"在面临困境之时，会感叹"天亡我乎？"于是抱着合乎天理就不应失败的心态，在决策上孤注一掷，即使毁灭也在所不惜。大家每天都在面对这样的抉择。于是每次阅读《胜己之友》时我都会想：这种时候怀着"无论发生什么事情都一往无前"的信念而选择自己目标的这个主体是什么呢？最后我得出一个结论，"人格"便是最终的答案。今天，我就想在这里谈一谈"人格"是如何塑造的。

开放的学问和封闭的学问

矢崎胜彦：首先想问问关于"万物一体之仁"。沟口先生在摘要中提到了"仁为公，不仁为私。仁是天地造心。本我即为仁，本我即为公共的自己"。这次机会难得，为了能让大家切实地感受到本我，还希望沟口先生能将这个部分再和大家讲讲，我们的体会可能会更进一步。拜托了！

沟口雄三：虽然"仁"这个字告诉我们"人是二人"，但其实"仁"还有更深的意味。"果物的核"也被叫做"仁"，实际上这代表了"孕育天地万物的心"。"仁"是万物生命的根源所在，是眼睛不可见的以太，是传递的媒介。

刚才说到"发挥本我，当它表现出来的时候会传递给大家"，在这里，"仁"就是传递的途径。而妨碍传递的则是"不仁"，也就是"私"。对于自然而言，自私、私欲会妨碍"仁"。仁是一种拥有广泛空间能量的存在，它支持着天地的活力和发展。这就是"万物一体之仁"的意思。

这是王阳明倡导的一个词。"一体"并不是"一体化"中的一体，而是"万物归一之仁"的意思。"归一"和日语中的"一体"有些许不同。宇宙是一体的，所以自己产生的能量会传递到宇宙的各个角落，但它并不是通过自己的力量传递，而是次第传递的。另外，当"仁"从外部传递过来后，感觉到被纳入了体系的自己就是"仁之自我"。这就是我印象中的"万物归一之仁"。

矢崎胜彦：所谓的自我从根本上来说拥有和万物相关联的性质，而自我的外在表现即为本我，本我是与万物相联系的存在方式。是不是这样？

沟口雄三：是的。

矢崎胜彦："不仁"强大，私欲就会出现。也就是说生活被欲望所掌控就会掩盖掉"仁"。因此，尽管"本我是公共的自己"，但如果不能成为公共的、不能完全作为"公共的自己"，生活将无法维系。

沟口雄三：确实如此。

矢崎胜彦：我注意到，如果要以公共的方式生活，为了让自己固有的品性充分张扬本我，推敲生活的方式非常重要。在"胜己之友"中我也提到过，就是假设"我"为"A"。A 一定是"为了我"的。我发现，经常有些站在金字塔顶端的管理者，虽然一边说着"为了公司"，但一边也在为自己。但是，把这个 A 翻过来并与其它 A 一起，就变成了 W。

自己有"仁"则他人亦有"仁"。相信这个"仁"，并互为 W 而共同努力，为了这个目标以"主体的公共化"到"主题的公共化"再到"立场的公共化"，这与沟口雄三先生提到的"企业创造人格"（企业即人格）相联系，这样理解不知道对不对？

沟口雄三：是的。

矢崎胜彦：我们就按"A 和 W"这种方式继续。A 相当于汉字"同"，而 W 相当于汉字"和"，仅从汉字看，我们很难得出鲜活的印象。但如果用 W/A 打比方的话，那么便可以很直观地得出结论。"同"是 A 且为了 A 而存在，同时展开几个 A 的话就成了 W 也就是变成了"和"。如果大家都能成为 W 的话，那么我们便可以从"非此即彼""主客"区分的二元论对立次元的思考提升到更高的"第三次元"。这样日常实践中我们做出判断和行动的时候，就会切实感到这个"第三条道路"的存在。

与此相对的，我们在学习经营学的时候，书本往往从二元论出发讲起，因此越学习则越没有实在感。如果是真正地以实际为指导来经营的话，大家就可以通过自己的实践不断充实和强化自身的价值。"W/A"正是通过作为自古以来的经世济民的实学——经济活动而得到加深和拓展，也只有通过实心实学的实践，它才能作为胜己之友的实学实现共有。

沟口先生在《万物一体之仁》中写到了"在肉眼无法看到的空间中将心与心连结"、"眼睛看不见的联系"。塾长也说过"利用自力、他力、宇宙力来开展经营"，"做了善和恶的事后就一定会回归自我"，"就像原因和结果的法则一样，虽然花时间，但善因和恶种都必然回归自我"，请教先生，可以将它们作同样的理解吗？

2004 年广岛集训时听沟口雄三先生说过"利他之心"，今天又学习了"不自满。不停的自我否定。不停追问自己存在的理由"。先生说，"有些人嘴上喊着'加油'但实际上却充斥着惰性，我们要极力避免出现这种状况。"这些都让我印象深刻。这句话现在也是我的精神支柱。自己只要在那里存在就可以动员员工、开启良知。大家正是在塑造这样自我的目标下来到盛和塾学习的。但是，"不仁"也是有好几种的。我切实地感到，多少存在的私心阻碍着我，作为实实在在的人活着是很难的。虽然理解"良知"和"良心"即"本我"，但作为企业家的"自我"还未完成体悟，目前仍在修行的途中，希望先生能给我建议。

沟口雄三： 深有同感。非常有道理。把自己的私欲当作"私欲"，自己自觉，这是非常重要的。虽然经常在某个地方暴露丑陋的自己，但自己却注意不到。认识到自己的"丑陋"的人并不是很多。

矢崎胜彦： 沟口雄三先生是在很恶劣的环境下立志向学的。在那个时候，先生要同不安和害怕等种种情况做奋力的斗争，那段日子可谓是超越了私心的时光。请和我们讲讲那时候的轶事吧。

沟口雄三： 是致力学术，还是延续事业，那时候最让我放心不下的就是那些自己一手培养的管理人员，每每想到将要"背叛他们"，我就无法下决断。有的人用放大镜阅读文字的样子来嘲弄我，说："终于要进入了这个世界了吗？"还说，"你绝对做不成那样的学术研究，只有从事自己非热衷的事情，做到做研究比做事业还更有益于社会，这时才能说是做学问了"。

当时我把之前拥有的东西全部抛弃了，皮鞋也扔了、运动鞋也扔了，西装以及不算珍贵的家具也都扔了。在连浴室都没有的6叠和3叠①的公寓里学习，真正的从零开始了。

矢崎胜彦： "本我的表象是传递，但是本我本身并不传递。""本我"成为一个关键词。鄙人在《信赖农园物语》的书中曾使

---

① 日本住户房间的叠数表示方法是根据日本的传统文化，以和室的叠为基准的。规定是一叠相当于1.62平方米（m^2）以上。

用了"本来的显现"这个词，书中探讨了"本我"和"本源"。从性善论的观点看，追求本源的东西时，如果能够追求到本源的东西的话固然不错，但在性恶论看来，这也会带来不良的结果。这里请沟口雄三先生为我们解释一下相关的理论。另外，所谓"本我"可以认为是和在别的地方学到的"良知"一样的东西吗？是和我们常说的"良心"是一样的吗？请不吝赐教。

沟口雄三："本源"和"良知"看似一样，但还是有些区别的。所谓的"本源"并非真正的存在，仅仅是"认为有本来的"。当问及"宇宙有意识吗"，有人认为"有"而有人则认为"没有"。宇宙是否真的有意识，这点谁也无法证明，科学也没有办法。因此，人们也只能选择相信"有"或是"没有"。认为"没有"的人不会去探索"本源"，因为他们都信奉"我存在所以我快乐"。

认为"本源"是"呈现"的人，会思考和探索"自己的本源"。他们还想要提高"本我"，追求美丽的自己。所谓的"本我"，是通过"不断探索"得来的东西。但回头一想，并非"这是本来的我啊"。"本我"是作为"运动"才有的东西，也就是说作为一种不满足于自己，作为否定自己"行动之源"的"本来"的东西。

"良知"是基于性善论的。它借用"本来"一词解释"人性本善，道德系人之本质"。因此，"良知"即"呈现"。王阳明说，"如果一个婴儿掉到井里了，人们无论手头有什么事情都会抛开而跑过来相救。这就是良知"。良知是以人的道德心、对人的关心、同情心等形式而"存在"的东西。"良知"和"本我"在这里是有所区别的。

"良心"一词最初源自欧洲。"保有神灵"的东西即为"良心"；"联通神灵"的东西则为"良知"。严格说来他们是这样区分的，但这是很理想化的存在。我想"良心"和"良知"只是字面上的区别，其实本质是一样的。

矢崎胜彦：请问先生自己有过切实感受到"本我"或"良知"的体验吗？

沟口雄三：……这种体验是不可能有的吧。（笑）

矢崎胜彦：这样说的话，是不是说在持续学习的过程中会越来越理解这几个概念呢？

沟口雄三：只会有持续学习的过程而已。

矢崎胜彦：关于对它们的"内省"和"冥想"，先生是怎么看的呢？

沟口雄三：都是很了不起的事情。其实一周左右去一次寺庙坐禅，然后坐电车走出城市，你会对自己产生一种陌生感……会有"啊，这是人间吗"这种不可思议的感觉。

沟口雄三：学问按大的来划分，可分为"开放的学问"和"封闭的学问"。"开放的学问"有着背负现在世界上各种问题的气魄。国际上的各种问题如山一般堆积在外部世界，这就要求有一个负责任的开放的学术平台。在另一方面，"封闭的学问"又可分为两类：一是让自己快乐的学问，尽管这并不是最需要的学问，但遗憾的是依然很多人从事这方面研究；另一个是"封闭的学问"，和刚才说到的"开放的学问"是相通的。

尽管很难说清楚，但是真正生动的学术是存在于"文献"之中的，社会上并没有。当真正开放自己进入文献之中，会是一个非常孤独的世界，但它和"开放的学问"是相通的。

下面的故事具体地体现了这点：京都大学有位人文学科的老师，每次回家后就把钥匙挂在门的内侧，然后埋头于文献当中，整整一年都是如此。而东京有个叫津田左右吉的人，连续数年每天都是带着便当待在日比谷图书馆里。这些人对于他们所处的社会环境毫不关心，看上去就像与世隔绝一般。但是，只要他们心中有着"公共的自己"，即使只是一个人闷头学习，其实他们与开放的学问仍是相通的。如果没有这两点，所谓杰出的学问是不可能做到的。

这件事对于工作而言会有什么样的帮助，我这里不敢断言，但"开放的自己"和"封闭的自己"是一致的。这里的"封闭"，是指"忍受孤独的世界"。

矢崎胜彦：沟口雄三先生提到紫柏达观的偈子，如果能够进一步精研就好了。尽管想借用外力来澄净自己，但"澄净的本体本来就存在于自身之中"。由表及里，到底什么会改变自己的本质呢？为什么人愿意从外面改变呢？由此出发，应该就能深入理解这个偈子的意思了吧？

沟口雄三：这涉及今天我们谈的"本我"和"外物"的关系。"外物"是中国儒学的用语。外来的东西也被称为"客"。客人从外面进来。与此相对的"主"是指存在于自身的东西。"客"和"主"的关系就是"外物"和"本我"的关系。

我们的人生基本上是依靠外部事物而延续的。比方说按照校规度过学生生活。在家里会有家庭的管教规范，依照父母的想法和价值观成长。但是，人们很少会觉得这就是这个家庭的"特定的价值观"。

父母会提供教育、学校、电脑、玩具、零食等外来的东西，努力培养孩子，尽管如此，但父母都不想意外地发现孩子内心的东西。这点对父母自身而言也是一样的。自己拥有的地位和业绩等等全部都是身外之物。进取心表现为更高的地位、更好的业绩等形式在物化的世界里活动着。与此相对，"内化的自己"是最宝贵的存在，但它却被外来物品所遮蔽。这又该怎么突破呢？

突破的时候，必须想着"外来之物没有价值。真正的价值不在那里"以实现"外物"和"本我"的逆转。和前面提到的"宇宙的意识"一样，"本我"相信"呈现"。这个"相信力"和想着"外物皆虚妄"是相通的。

有时会突然醒悟，"被地位和名誉驱使真的好吗？"同学会上有人说"我这块手表花了300万日元"，听到这个后总觉得他是个可怜的人。即使只是3万日元的东西，这个3万日元和300万日元的性质是一样的。看到了生活在物化世界中的人，觉得"那样我是不满意的。我不想要那样的人生"而自我醒悟，这时候思想就实现了逆转。

矢崎胜彦：我们既然在经营企业，就需要通过销售某种东西让我们的企业得以成功。这样的话，把刚才说到的外在装饰物作为商品出售时有没有忘记内在的东西，这点与良心论和良知论是联系在一起的。

被称为西田几多郎三大弟子之一的久松真一先生在二战前写成的论文中指出，"西方把神树立在外面"。这句话是说西方人基本上是把自己作为神的对应物而以"被动的主体无"而生活着。与此相对的，《东洋的无》这本书里写道："其实，在东方，外面是没有神的。"在东方,每个人都相信自己的内心都有神佛和良知。因此,相对于西方的"被动的主体无",据说东方叫"能动的主体无"。

假使"能动的主体无"这个前提存在而且成立,那么回到今天的话题,"本我"就全部是自己内心的"运动"。大家在这里,都是以恢复本我的应有生存方式为目标而努力的,而且通过学习和研修,都感受到了这种"非追求不可的感觉"。"其实内在也有寻求和别人一样的可能性的心",将这个流行起来的话,就会持续地呈现给他人,我想这是今天沟口雄三先生说到的非常重要的一点。

如果要改变向外的能量和观点,其实内外两方面都要改变。外面会成为注意到里面的契机,里面也可能成为提高外面的契机。内外相互作用,进而促使社会和企业变得更好,自己也变得越来越好。这并不是抽象论,大家只要切身感受一下出现在经营核心内容中的东西,就可以理解这一点了。

如何通过"外力"和"内力"这对对立关系来看问题呢?其实内力和外力都有提高"能动的主体无"的深层流动性的功能。比如说某位女士就把穿漂亮衣服和在美容院做美容都视为实现能动的主体无的途径,从而从内心追寻它。但这些并非恒定不变。随着年龄的增加,她就可能会变得胡乱化妆。关于这点,沟口雄三先生您怎么看呢?

沟口雄三: 矢崎先生的大作《信赖农园物语》可能大家都读过。高桥浩之先生在那么偏僻的地方有了(超越奔驰汽车的创意)"越光米"的创意,这是真正的杰作。从外到内,从内到外,这个过程会产生新的商机。这实在是一件了不起的事情。

矢崎胜彦："能动的主体无"大家很难共有，因此我在书中按自己的理解将其写成"内发的公共性"，意思是"内部产生的力量"。有件事一定要利用这个机会向先生请教。先生提过"圣人气息——大阪有圣德堂的精神"。当年我和稻田先生一起请求塾长在大阪开设盛和塾，当时的《日经新闻》为此写了一篇报道《适塾》，其实我们在适塾之前还聊过传统的怀德堂。如果能恢复大阪人的实学而开始学习的话就好了，在盛和塾（大阪）开设时我曾这样想过。尽管以前没跟沟口雄三先生说过这些，但先生还是褒扬这里有"圣人气息"。我们这些管理者同仁或许是和大的历史意义相关联的，关于这个可能性，先生是怎么想的呢？

沟口雄三：关于怀德堂我知道的并不多。怀德堂是中井履轩等朱子学的弟子们设立的。商人追求儒道，这要回溯到中国。这是一种关于万事万物、关于追求人生方向的思考方法。在中国，虽然"商"位列"士农工商"的最后一位，但也有将"商"和"士"并称的"儒商"一词。有位华裔美国学者曾对我说，"沟口雄三先生年轻的时候也曾从商吗，那可称为儒商啊"，听后让我很高兴。有"儒道有商，商道有儒"的说法，也就是说，尽管推崇"儒之道"，但如果没有商业活动，那人们就吃不上饭了。儒只是浮在空中的东西。但同时又说"商道之中有儒"，可以理解为在从商的时候必须遵循"正确的商道"、"遵从于道的商"。

这里说点题外话。大家想象一下"道"这个字。"首"加"辶"。"辶"是表示人之足迹的象形文字，意思是"走路"。"走路"和"首"结合在一起就成了"道"（michi）这个字。

道路的"路"也是"michi"。读作"michi"的汉字有好几个，但是加入了"首"的"道"字还读作"do"，例如花道、茶道、柔道等等，包含了"人间的道理"、"朝闻道夕死可矣"等特别的意思。

"道"之所以含有特别的意味是在于"首"。白川静先生曾说过，在不见人烟的土地上赶路时，为了辟邪人们是一边双手抱着脑袋一边前行的。总而言之，这里"道"字表示的是"进入未知世界"时"突破"的姿态。因此，"道"是人们开拓不可琢磨的未知世界的意思。

"商"和"道"结合后就是"商人道"。它意味着经常要准备创造新的事物。在提升自己的同时改变世界。我想这就是从商之道。

矢崎胜彦：余英时先生曾在书中写道："士与商，术相异而志相同。"这句话给了我很大的鼓励。我听说"经济"这个词也是和大阪有缘的太宰春台在和荻生徂徕决裂后回到大阪后提出的。

在大阪，有些荒唐的经济学者只考虑内部经济化。真正的"经济"是一种实学，它应包括将外部非经济的内部化。关于"经济"的"经世济民"的解释，我感觉现代化以来似乎变得微不足道了。有关的情况给我们介绍一下吧。

沟口雄三：众所周知，"经济"一词来源于"经世济民"。所谓"经世"，就是"理顺世界"或"理顺世界的条理"的意思。"济民"即"拯救民众"。"为世界制定规范以幸福万民"，其本身是非常政治化、经济化和社会化的行为。在这个意义上，"经世济民"在儒学中是非常受重视的。

16世纪中期中国开始出现"经世济民学",其传入日本后"经世济民"一词被"经济"所替代。清末,日本化的"经济"传入中国,这时它只剩下"经济"（economy）这个狭义的意思了。

矢崎胜彦：我想,"实学"这个词对于这类东西也是通用。最初"实学"是不是还有更多的意思啊。

沟口雄三：是的。

矢崎胜彦：我感觉近代以来它已经被贬低为"实用之学"了。好了,既然来了怀德堂,我们就说说《朱子语类》吧。最近让我感触很深的一点,就是有幸遇到了很多致力于学问的先生。说到一家之学,有的就像巴塞罗那的神圣家族教堂一样,现在也还没有完成。神圣家族教堂是高迪最后的挑战。如果说有一代成型的学问和世代持续构建中的学问,那么现代化以来"我很伟大吧"这样的学问已成大流。大家都成了自成一家的学者。

与此形成鲜明对比的是,沟口雄三先生立志于把800年前的《朱子语类》灵活运用于当前的社会。这是需要花费50年时间的大项目。在座的都比先生要年轻,但这样的远大志向你我都有吗?紧盯眼前的经营,关注当前的收益……大家对于这些是不是太孜孜以求了?先生说说您的高论吧。

沟口雄三：谢谢您的谬赞。《朱子语类》是12世纪中国思想家朱熹与其弟子问答的汇编,共140卷。我就是一辈子也翻译不完的。其实,与其说翻译不完,还不如说"阅读不了"。这是因为这部书是按当时的口语体写成的。

一般来说,汉语是文言体。文言体有固定的格式,所以日本人也能通过阅读汉文而读懂。但是口语体的话日本人就只能解读了。其辛苦程度如同解读埃及文字一样。对于《朱子语类》，一个人的话至少要花 20 年才能略微读懂。读懂是首要的前提。

我在东京大学的研究室已经有 20 年了，但是遇到能够读懂这部书的也只有寥寥几人而已。其中有两位对我说"把自己的业余时间全部交给了《朱子语类》"。这样的话，就可以按每年出版两册的速度进行推算，按卷数算的话则是每年 4~5 卷。

这二位现在 40 岁左右，到 70 岁的话应该可以译完 70% 吧。但是对于出版社来说，如果不能全部译完的话是不能出版的，仅翻译部分那是摘译，是不能成为商品的。

当时我想到了"矢崎工法"，高兴得直拍大腿。"矢崎先生对于'世代继承'不是一直都很推崇的吗？啊，居然会有这种方法……"因此我跟出版社说，"不要认为只有我们这一代人来做这件事。虽然有多达 140 卷，但我们在之后的 20 年里会完成七八十卷，再下一个 20 年里，一定会有'薪火相传'的日本人出现。"出版社的社长和我一样，也 75 岁了。他说："在我们的有生之年要完成它是不可能的了，因此尽管我没有制订计划的资格，但是梦想着并坚信着总是可以的吧。我相信你了！"于是我向全国各地的四五十岁的学者们呼吁他们加入。一共向 23 位学者发出了呼吁，有 21 位答应了。2007 年秋天终于出版了第一册。

矢崎胜彦：我刚才从沟口先生那里收到了《朱子语类》的资料。《朱子语类》是以对话形式保留下来的朱子的哲学。孔子开创的儒学通过《论语》而在世界上广为流传，而《朱子语类》是在朱子去世 70 年后，朱子的弟子们把朱子与弟子们谈过的话按不同的特征进行分类和汇总而成，因为是按照当时谈话的语言写成的，对于日本人来说无法解读，甚至无法阅读。这并不是常说的"翻译"水平的问题。

鄙人在拙作《信赖农园物语》中，我叙述了在努力发展企业的同时，也为了开拓美好的未来而对社会作出了一些力所能及的贡献的故事。一般不写书评的沟口雄三先生在书评的最后说："只有这种生活方式，才能创造让每个人都成为圣人的社会。如今怀疑圣人的人很多，但是矢崎先生联合志同道合者，仅关西地区就有100多家公司及企业家，一起致力于'共同的管理'的学习实践。这个屹立于日本的大阪怀德堂的'圣人'现在还活着。"

怀德堂的资料也是先生给我的。开始是阳明学，然后是朱子学。塾长的"为世界，为他人"的教诲，就曾在大阪怀德堂讲过。所以，朱子学的精神和塾长的"利他经营"的思想——这两者超越了时代，相互契合并广为流传。我想沟口雄三先生倡导的思想和我的实践能一起生根发芽。

以前我就听说，沟口雄三先生是日本的中国思想史研究第一人，像先生这样认真做研究的全世界微乎其微。这次能有缘当面聆听先生的演讲真的很荣幸。

哲学是一种越学习越感深奥的学问。即使一方面会觉得"这个好难啊"，但如果找到了灵活使用的方向，就会变为"善"。相反的，如果找不到灵活使用的方向，"善"的东西也会变为"恶"。从学问入手，这样的情况非常多。我注意到，正因为自己做的事情有错误，我们才需要不断地学习。盛和塾这根纽带不正是一种缘分吗？

中日的乡约运动

沟口雄三：所谓自我否定，就是把基本之外的东西全部舍弃而回归自然，也就是按照自然存在的方式活着。"困了就睡"，这是临济和尚说过的话。随性而活，回归自然，这是最简单的自己。这不仅是最应该爱惜的自己，也是被家人爱着的自己，这样的自己不会失去色彩。"自我否定"并不需要苛责自己。日日更新的自己会变得更年轻。工作的时候活力充沛。自我否定的反义词是自我满足。换句话说，自我否定就是"清洗"自我满足的污垢。因此自然会充满活力。

矢崎胜彦：今天话题非常重要。先生很简洁地对其进行了说明。今天先生所说的"本来的显现"一词在先生给我的书评中也写到了，所以刚才听到后稍微有点吃惊。结果我认为"行善"是通过外力的，因此努力净化自己。先生的观点是，"行善的本质并非其他，而是你的本性流露"。因此，被"外物"束缚的自己是能够完全得到解脱的。

"本来的显现"是什么呢？就是被束缚的东西一下子得到解放的意思。和束缚自己的东西没有关系。把自己变得干干净净这件事最终是通过借用外力达到的。这里我想到了达摩大师和梁武帝对话时说过的"廓然无圣"。如果想着要做各种各样的善，反而会被其束缚。但是这却和束缚自己的东西没有关系。我想这就是"你自身是什么样的呢"这样一个问题了。

沟口雄三：按照王阳明的话说，就是"满街皆圣人"，谁都有成为圣人的潜质，谁都在发挥着这种潜质。理论上确实是这样的，但现实中却还是有坏小孩和坏父母啊。在中小企业这个共同体中，这种潜质该怎样引导才好呢？具体说来让大家感到烦恼的是什么呢？

矢崎胜彦：说到年轻员工，我有这样的印象，就是具备文化基础的人拥有能够理解管理者理念的"天线"。但是，如果从小就让他玩电视游戏，没有良好教育的话，那么这个"天线"看上去就像没有一样似的。外部控制可以做到立竿见影，如管理者严厉训斥，或是强制"良心"教育等等，尽管这些措施见效很快，但在我看来最好的方式是对他们进行发自内心的良心教育、理念传达。这里要注意教育的度。释迦牟尼说，"时机未到时怎么说都是不行的啊，等着吧"，这句话我能理解，但是对于中小企业来说必须尽快出成果，因此相比"等待"，中小企业更倾向于使用外来的控制方式。先生是怎么看的呢？

沟口雄三：下面是我个人非常微不足道的经历。正好在我考取大学那一年，我家破产了。这年年末有四五个员工的工资付不出来，年都没法过。尽管如此还是努力让大家一起渡过难关。然而第二年，又有位员工的手指被机器给切掉了。当时说着"这些钱你用吧"，把伤害险赔付的钱给了他。一言以蔽之，就是大家一起同甘共苦。现在回想起来，当时的大家分享着各自生活上的梦想。比方说想给自家建房子啊、想让小孩读高中啊等等，大家都是为了这些梦想而工作着。我想稻盛和夫先生也应该是一样的吧。一起经历困苦的时候，负责人的辛苦是别人的 3 倍甚至 5 倍。

这时候有种"感动"的东西存在于某个地方，那并不是刻意"制造出来"的东西。当时我相信自己，而且无论什么情况下自己都必须站在最前面。在说"你们好好干"之前，只能是自己先好好干。

矢崎胜彦：下面是发生在我身边的例子。我手里有关于这件事情的信件，在经过了当事人的同意后，在这里说一下。这是一个关于小偷重新做人的故事。有位留学生把电脑忘在出租车里了，司机就把电脑带回了家。留学生在酒店看录像的时候，才意识到自己从出租车下来后没有带上电脑，电脑被落在出租车上了！电脑中记录的都是重要数据，更重要的是那电脑是那年正月老公送的新年礼物。她心想无论如何都要把这台满载老公情义的电脑找回来，她往出租车公司打电话，对方态度很是冷淡。司机也说"没看到"。一般人的话到这里可能就放弃了吧，但是这个女孩子却没有，最终把这个司机叫到了派出所。在派出所的外面，两人有了一段对话，她问他："你有小孩吗？""嗯，有个一岁的小孩。""你是想让你一岁的小孩被别人说'他的父亲是小偷'，还是"他有个好父亲"？""当然希望被人说是个好父亲啊。"司机心想，"这女人还真厉害啊"。这个女留学生的言下之意大家都应该明白了吧？说着说着这个司机"哇——"地哭了起来，说道："你看看我的眼睛，是不是都是通红的？留下电脑后的这两个晚上我都没睡好。真的是太痛苦了啊。"她在信里把这件事写得很真切，把全部经过都告诉了我。之后司机让警察也坐上了自己的出租车，开回了五六十公里外的村里去取电脑。快到的时候，他对留学生和警察说"你们先下来"。之所以这样做，是因为别人看到自己和警察一起回来，全村的人都会认为自己做了什么坏事。尽管担心万一司机就这样溜之大吉，但两人还是下了车。在10分钟后司机带着电脑回来了，说了句"给"，把电脑还给了那个留学生。然后用出租车把两人送了回去，途中车里收音机放的东西很巧，就是中国明朝人袁了凡《阴骘录》中的故事。

这是"小偷也有良心"的一个例子。我想说的是，如果你的情况和今天先生所讲的多少有些不同，那么你就会指责那个司机"真是个坏家伙"。每个人都有上天赋予的灵魂即良知。从外面追逐上天赋予物之类是没有关系的。生下来就没有良心的人是不存在的。人都是一直和良心一起成长的。这点不知道可不可信。

王阳明在平定叛乱时给叛军写过一封信，里面说道："被称为叛军你们很高兴吗？想想你们的子孙后代吧。我不希望把你们作为叛军来进行镇压，给你们最后改过自新的机会。如果就此放弃叛乱而投降的话，我将对你们既往不咎。"孙子兵法中有"不战而屈人之兵"之说，王阳明不动兵戈而仅凭一封信就取得了战争的胜利。是这封信漂亮地平定了叛乱。

由此可知你们应该都坚信自己是有良心的吧。但为什么却很难相信下属有良心？我想是因为你们只看到下属的某一面而已。

沟口雄三：实际上任何一名下属都不会随便毫无原则地听你的。有些老板抱着"让下属看见并学习我的长处"之类的目的，在企业中采取奇怪的行动，认为这样下属自然会明白自己的思路，其实这是行不通的。我认为只有拼命努力做对职员有益的事情，才能真正让下属对企业有归属感。

我创立的公司到现在已经进入第 61 年了。其中有工作了 51 年的老员工，也有工作了 36 年的。这个社会怎么会有这么资深的员工呢，好像有人曾这么说过。现在回头来看，应该是最初我们真诚的管理方式在某些方面和职员们的心产生了共鸣的。所以大家看问题要有长远眼光。

矢崎胜彦：今天大家说的都是非常深奥的话题。我特别关心的是，自己要注意到"私利私欲"这种东西是非常难的。纽约的盛和塾创立已经 3 年了，今天的纽约，如果谁有新的创意或开始新的事业，大家聊到这个话题的时候，总是会说"这是完完全全的私利私欲……"。我们知道，从私利私欲出发，最终是难以为继的，因此大家将来都会尽量以具有公共性的东西为目标而努力。听了先生今天的高论，想问问先生是经历了怎样的曲折才成为学者呢？既然成功开创了事业，却在某天突然抛弃一切只为追求服务世人的学问，看来这就像是听到上天召唤而发生似的。先生能和我们讲讲当时的经过吗？这肯定很让人感动。

沟口雄三：完全没有什么让人感动的东西。最初的动机完全就是我的私利私欲，只是为了我自身的兴趣。在读大学的时候我就开始忙事业，课也就没上了，到了考试的时候才第一次见到老师，"啊，这就是给我们上课的老师啊"。直到毕业后，这种内心的不完全燃烧状态还在继续。三十一二岁的时候，我还清了所有的借款，生活已经很安逸了。一般星期六下午不去公司也不会有什么坏结果，于是我就开始读研究生了。研究生院一周一般只上两到三堂课，因此在工作之余快速地赶到学校，又快速地回到公司。但是，研究生院的功课如果没有预习是无法跟上的。最初我只是坐在最后听课的学生而已。当时有个非常有魅力的老师，在被我数次惹恼之后对我说，"这样的话我就不管你了啊"。因为当时我并没有告诉他我在外面忙事业。既然 30 岁了都还想要学习，而这种不痛不痒的学习算什么啊……当时很是苦恼。

矢崎胜彦： 沟口先生这样百分百钻研学术的人物，对先生来说，目前还有什么神秘的、超乎想象的大问题吗？

沟口雄三： 这里就涉及所谓的"近代"这个问题了。在我们的观念中，日本近代的表现要超过中国。因为当时的表现来看日本比中国优秀。绝对不能输给中国，这是从小学开始我们就被灌输着的理念。这种观念产生的背景是日本的现代化要比中国早。虽然有"中国的现代化进行得很晚"这个学术观点，但这只是我们把欧洲舶来的理论套用于亚洲的观点而已。这个说法是不正确的。越是阅读中国的文献越能发现，欧洲的现代化和中国的现代化性质上是完全不一样的。并不能说日本比中国进行得更快。我们必须从内心改变蔑视中国的看法。这不仅是对中国而言，对于世界各国都是一样的。另外，一定要向各位传达这个观点，正是这个使命感让我来到了这里。

矢崎胜彦： 今天希望先生能给我们讲讲"朋友即老师"。朋友肯定有其优秀的地方，不把这样的朋友当做"老师"是不行的啊，现在很有这种感觉。有的朋友某些地方比自己优秀，而有的朋友的某些地方却不如我优秀。曾和某位聊到"朋友"的定义，他说，"假设我是你极要好的朋友，我在困顿的时候是绝对不会出现在你的面前的"。我觉得，这就是"朋友论"的出发点。我觉得如果朋友（友情）是爱的话，只有全力以赴帮助对方才是朋友，效劳朋友却不求回报，这就像是一个原则一样。这么想对吗？

沟口雄三：朋友胜过自己，我想这是以"道"为基准进行比较的结果。这个"道"是个很麻烦且莫名其妙的东西。抽象说来，"道"是"人们应有的存在方式"。然而，"道"并不尽是漂亮的东西。

这是我家破产时的一个故事。我有弟弟妹妹5个，大家一起吃起饭来很厉害，因此很快就没米了，我就到朋友那里想去借2000日元。"你这家伙，借钱打算干什么呀？""买米。我必须要让弟弟妹妹们吃饱饭。"他听了之后这么说："你既然来借钱，就应该借5万日元。如果你用这5万日元来摆货摊赚钱的话，我就借你5万日元。"他是一个名古屋商人的儿子，当时才19岁，高中毕业后就子承父业了。我想他真是难得的好朋友。

这种场合下的"道"是什么呢？是自己"不要为了吃饭而求救他人"。关于"道"可以说出很多美丽的词汇，但最根本的就是"自食其力"，这是这件事教会我的道理。我的这位朋友并没有刻意说"道"，但以他刚高中毕业的年龄，这句话真的说得很好。

关于"良知"，我自己都没有体验到过它的存在，这真的很不好办啊……但我印象中"良知"这种东西犹如滚滚涌出的清冽泉水。我的心情就是"泉水"。感受不到年龄，超越了年龄。因此，我从来不说累，现在也在坚持锻炼身体。我想这些都是良心的作用。

矢崎胜彦：今天真是受益匪浅的一个学习的晚上，真心感谢先生。我冒昧说说和在坐的稻田先生完全相反的观点。今天是关于"本我"的学习。我觉得，让大家体会到"本我的力量"，这种学习氛围的形成是最重要的。

沟口雄三先生谈到，"本我并不存在。它是一种运动"。我认为这是最核心的观点。我们尽管知道"本我的力量"，但是如果将其认为是"存在的东西"就会导致一系列错误。但是，"本我"以不停地"工作"或"运动"的形式而一直显现，这种永不停止的脚步才开拓了永续发展的道路。我是这样认为的。

沟口雄三先生的过人之处，在于他真正重视这个"工作"，拒绝使其与现实之间保持暧昧的平衡。因为今天我才知道了"本我"的存在。从今天开始，我要把"本我"视为一种"工作"，看自己能够多大程度地有效利用它，我想，这是今天学习中非常重要的一点。

前几天，我和一位学者就"性善论"和"性恶论"做了一番讨论。他有过祖国被日本帝国控制而导致实际上亡国的经历。他说："这件事让我非常痛苦。因此我站在了弱者的一边，如何对抗这种人的性恶论（根源恶）、如何对抗权力，成了我做学问的出发点。"

殖民那位先生祖国的野蛮行径确实是我们日本民族的耻辱。但是，由性恶论的日本帝国开始并延续的军事政权现在还存在吗？即使性恶论能够暂时拥有强大的力量并四处征伐，或者是尝试制定何等精致且稳定的制度，但最终它还是走向了灭亡。就像我们在历史中学过的，以私心做出来的东西是脆弱的。

回顾中国的易姓革命莫不如此。无论做得多么坚固，最终还是由私心将其毁灭，这点从历史上看很清楚。因此性恶论本身是不可能永续的。我想唯一能够永续的，是性恶论这个说法。

相信人人都有良知，互相提高良知，这是人与人之间应有的关系。但现实是这种善意是无法持久的。神户地震后涌现出的志愿者如今还在坚持的基本上已经没有了，从这点可以看出，无论怎样的善意都是暂时性的。无论是多么有钱多么有时间，都只能作暂时性的安慰，现实告诉了我们这一点。

但是，如果有继续性恶论还是继续性善论这两种情况，我想继续性善论更能助益于我的人生。只有这样，才能创造美好的世界。

"性善论"与"性恶论"有如两条平行线，这次没有得出什么结论，作为延长战，今后这个讨论还会继续。但是不管怎么样，人类相互相信其善的部分并相互进步，这种社会在现在是很少见的。这里存在着一个最大的问题。

请想想这个问题是什么。拥有权力的人总会倾向于用自己的私心来支配一切，让自己的权力更加稳固。姑且不论是要义正辞严地对其批判还是犬儒一般地成为聒噪的御用媒体，无论怎么做，根据不同分工而分离的智慧，大部分媒体最终只能是做到部分适合（要求）。不管是报社还是电视台，报纸和电视节目为了引导人们，从以内部经济化为目的的 A 型事业构造来说，大众传媒只要进行各种批判的话，事业就能继续下去。因为我们都是企业家，所以应该都能从结构上看清这种情况。如果总被这种"批判"操纵，我们就仅仅是这些信息的消费者。我认为不能这样，而应该超越它，从更持续性发展的"适合整体"的观点来看待人和社会的管理。互相以培养这种人格和文化作为方向，以本我为基础，努力在总体上把握根本的社会观和世界观，这才是真正重要的。

今天在听先生报告的同时，上面的这种感觉变得更强烈了。以"正义"为名，国与国之间进行战争，人与人之间进行争斗，这种历史我们已经见得太多了。我想，这种无限轮回的历史我们没必要再进行重复，虽然很艰难，我认为创造真正的人人心底无私的公共世界，突显我们老百姓都拥有的突显本我的良知的源泉才是王道。我们开创企业，在企业中彼此培养大家良知的源泉，改变所有人的生存方式和组织的存在方式，真正经营理想的个人和组织的存在方式，进而改变整个社会，这才是我们这些人生存的意义之所在吧！

今天先生的讲座给了我很大的勇气。先生是鲜活的例子，没有什么比这个更有说服力了。先生立志做学问的时候夫人是怎样想的啊。真的是很了不起。在面对这样的抉择时，正是有了夫人的支持才有了先生的现在啊。虽然夫人的力量是看不见的，但是今天我却实实在在地感受到了。

有个问题想请教先生。依据个人的善意而生活，这是非常难的。通过各种形式把社会视为"恶者"是很轻松的。就要被这种生活方式击败的时候，作为可能颠覆这种生活方式的乡约运动能发挥作用吗？每个人都成为公共的存在是很困难的。但是在看得见的关系下互相约束，这应该是可以实现的吧。我在先生教我们的乡约运动中看到了这种可能性。

在鹿儿岛举行的盛和塾全国负责人第二次大会上，东京的堀口先生问过塾长这个问题。塾长回答道："如今盛和塾进行的是乡中教育。"由塾长亲口提出"盛和塾乡中教育说",这是第一次。

乡约运动——乡中教育——阿米巴系统①,三者的紧密联系是很容易理解的,但是通过相互看得见的关系相互约束,相互间能够成为更为公共的存在,这种情况在中国和日本的历史上都有过,仅萨摩就有400年的历史。

大家请扪心自问。即使下雨了也去打高尔夫,这是什么呢?雨天打高尔夫并不是什么愉快的事情,但是想着不能给别人添麻烦,所以还是去了。这就是"守约"这个人类良知的作用。我觉得守约是人类社会产生的非常重要的智慧。

朋友间像乡约运动一样约定和遵守的事情,经历者在一代代地传承着。先明白的人成为老师,接下来明白的成为朋友,在互相切磋琢磨中使自己的学识迈向更高层次,这种学习类型应该是有的吧?最后,请先生谈谈乡约运动吧。

沟口雄三:先感谢您关于内子的话。我记得婚礼是在4月举行的,而具体哪一天,此前我却记不清楚。刚好在来这里之前我整理了以前的相册,才知道这个日子原来是4月7日,完了……我们已过金婚。她是39岁开始读研究生,42岁毕业。因为有填好的表,所以我才记得。毕业后她做了东京某大学的老师。现在她已经退休了,身体很好。谢谢大家。

所谓的"乡约"其实是一种考核表,记录今天做了善事得多少分,做了坏事则减去多少分,有点像通讯录。鼓励大家做善事。

---

① 阿米巴经营是指将组织分成小的集团,通过与市场直接联系的独立核算制进行运营,培养具有管理意识的领导,让全体员工参与经营管理,从而实现"全员参与"的经营方式。是稻盛和夫在京瓷集团自主创造的独特经营管理模式。

就像是道德上的鼓励一样，一年内总分高的就在大家面前褒扬，分数不理想的会感到惭愧，从而形成一种竞争。

比较一下欧洲的情况。在欧洲，"自治"是一种"权利"。封建领主拥有土地和日本的封建制是一样的。旧时的日本，人们在藩与藩之间行走是需要通行证的，人们没有流动的自由。自由流动是开设了"自治区"的商人的权利。欧洲的基础就是"权利"。

中国的情况是，乡约运动孕育了"自治"。即乡里的事情由自己参与和完成。因此，就像呼吁建医院、建养老院一样，大家一起出资一起出力。这是一种"道德行为"。不久后这就变成了"自治"。因此，"欧洲的自治"和"中国的自治"其原理是迥然不同的。

下面是关于我的事情。我想在座的应该有 50 人左右吧，那么各位到底是性恶还是性善的呢？人类的本质到底是性恶还是性善，是道德的还是欲望，我依然无法得出答案。欧洲也好中国也好，都是众说纷纭。我想这是永远都没有答案的。

但是我个人认为，人的本质是"道德"。这里有 50 个人愿意这么想，就说明这里聚集了 50 个"本我"。这两者是相互关联的。

今天真是一个美好的夜晚。

朱子学：阳明学与其展开的市我发现之道

从本性到良知

削弱人格、封闭人格、给人格蒙上阴影的，都是欲望，那么如何凭借自己的力量控制欲望呢？

由"人格"来决定一切，这种观点在中国始自宋代。"朱子学"这门学问就尝试回答这个问题。13 世纪的宋代就开始通过研究朱子学进而探究自身的人格。在日本是从镰仓时代开始的。朱子学中就有"去人欲，存天理"一说。

什么是本来？本来就是万物的自然状态。什么是自然？自然就是遵循宇宙法则的正确存在。正如梅树开梅花，樱树开樱花。什么是正确存在？正确存在即应该如此，而且只能如此的终极存在。

这就是我们极力探究的"人格"的终极存在。自古以来，想要探究这一终极的人们留下了非常多的文献和文章，给我们提供了诸多指引和参考。

本我就是存在于天理之中的自己

我们都有"欲望"，而这些欲望遮蔽了天理。所谓"欲望"，大致可以分为三类。

第一类是本能欲望。盛和塾正在践行的"知足"就是作为克服这一欲望的正确之道。要克制这类欲望很简单，只要自己的意志够强就能做到，不为美食、华服所诱惑，朴素、谦虚地生活。这是欲望的第一阶段。

第二类是金钱欲望和物质欲望。想赚大钱、住气派的房子、更加富有、追求利益等等，如果没有这些物质上的欲望，企业的经营也就无从谈起了。尽管对企业家来说金钱欲望和物质欲望是不应否定的，但是如果沉溺于此毫无节制，则必将陷入混乱，毁灭自我。因此稻盛塾长教我们要有"利他精神"。这是一种高尚的理念。那么应该怎样把金钱欲望和物质欲望引向"利他"呢？自己在获取自身应得部分的同时，也不忘改善员工的生活。或者说，以一种回报社会的精神，把"利己"的金钱欲望和物质欲望往"利他"的公众性态度发展，这也正是大家经常讨论的。

第三类欲望是社会欲望和向上欲望。这种欲望的内容包括名誉、地位、世间评价等等。因为这些都是来自于外部，所以朱子学称之为"外物"。这类看不见的无形的欲望才是非常麻烦的存在。例如，当自己受到社会这样那样的赞誉、取得很好的工作业绩时，就很想让大家知道这些情况。尽管这些都是出于"提高自身"而得到的东西，但它们也是"自豪、自傲"的产物。大家无法放下外物，就像如果某个人在大公司里担任要职，那么他就只能是大公司领导的样子，无法摆脱大公司的招牌，从而失去了自由。所谓"本我"，原本与这些外物就是无缘的。

该是怎样就怎样，毫不掩饰欲望，朱子学称其为"本然之性"。在朱子学看来，人是双重构造的。里面的一层是"本然之性"，"本我"即由其塑造。外面一重是"气质之性"。所谓"气质之性"，即刚才说到过的"本能欲望"、"金钱欲望"、"物质欲望"、"向上欲望"、"社会欲望"等等。这些都包裹在"本然之性"的外面。如何涤除这些污秽以发挥"本然之性"的光辉，这正是朱子学修行的内容。朱子学采用的方法是"主敬静坐"（同"坐禅"），保持平静，使自己的感情不至于太活跃。可以说，当我们处于心情平静的状态时，即发现"本然之性"之时。今天，我想说说控制这些欲望的方法。这就是"自我否定"的思考方法。

所谓"本我"即是经历了自我否定后的自己

"自我否定"就是否定了自己，那么是不是因此就失去了自己呢？其实，"自我否定"就是"自我反省"。"我这样做行吗？""我是不是太骄傲了？""我难道不是在努力向好吗？""我是不是私心啊？"这样经常否定自己就是自我反省。无论是谁，都更倾向于自我肯定而不是自我否定，得到周围的赞赏都会很高兴。但不妨否定一下自己试试。

我试着把"自我否定"划分为三个阶段。

（1）自我否定的初级阶段是自己意识到了外在，并将其相对化。[1]

外来的东西（外物）会从外部将本我覆盖，我们要做的就是将外物相对化。简而言之，就像建好了又大又漂亮的房子后，就

---

[1] 所谓外在，是指名誉、地位、财产、外界评价、相应的外形、被"外物"禁锢的自己。

与更大的房子比较，认为"这个房子更大啊"，这样就使得自家的房子被相对化，从而不至于纠结房子大小。自己的公司做到了1亿日元的销售额，就与其他有1亿日元业绩的企业比较，从而防止自我的绝对化。这是自我否定的初级阶段。

（2）自我否定的中级阶段是在人格上不满足于当前的自己，陶冶不满足人格，实现谦虚的美。

在这个阶段，"自豪"被视为一个问题。《临济录》里说："金屑虽贵，入眼成翳。"黄金的碎片固然非常尊贵，但是进入了眼睛里面就什么都看不见了。无论多好的修行和善行，如果只是为了做给别人看的话，就失去了其本身的意义。

（3）自我否定的高级阶段是创造全新的自己。

"本我"可以称之为"本性"。这是一种自然而然的与生俱来的美丽之物、漂亮之物、清澈之物、没有丝毫污浊之物，把这些东西融入自我，这就是"自我否定"的最终途径。所谓自我否定，概括而言就是"不放纵"。不被外来事物约束，从自己的立场获得自由。这是"自我否定"的终级阶段。

"人格"是有很大的影响范围的。无法限制于狭小的条条框框中，这才是真正意义上的人格。实际上可能人们在工作、地位、环境等条条框框中被封闭自我，却毫无察觉。如何突破无法摆脱条条框框的不自由的自我呢？突破这些并创造全新的自己，这才是"焕然一新的本我"。

经历了自我否定的自己才是按照天理本来面貌存在的自己。

作为天理的"自然体"自己的本来面貌——吃饭穿衣、困则睡眠等。

并不把天理视为规范——不把任何视为规范——本来无一物。

我们都是按照自然规律（天理）活着的。按照自然规律饮食而保证健康。依照本能就会产生过度和不足，奢侈或是吃太多的话，在天理看来这就变成了"人欲"。虽然说天理是看不见摸不着的规范，但是如果在否定自己的同时不知足，经常严格激励自己并充分发挥自己的能力的话，本我就会变得自由。

本我是自由的，没有边界的——"化为万种清风翱翔宇宙"。

本我并不受既有观念的束缚，从各种差别中获得自由。在这里，"人格"可被视为磨砺的结果。这种人格可以做出更好的决断。通过确立"澄澈的自己"，这样就可以发现联系他人的纽带（万物一体的仁）。天理根本的存在方式是个体之间相互调和、联系各种要素的状态。就像植物界"梅树开梅花，樱树开樱花"，天理以不可见的规律存在着。这种联系应该怎样证明呢？

企业家要推进某项决断的时候，该怎样把意图传达给职员并让他们和自己一样充满斗志？这是一个很棘手的问题。向员工们指明一个方向，"好，一起努力吧！"应该怎样才能让大家一起行动呢？这个时候企业家"本我"的样子应该是这样的，无私、廉洁、真正关心企业。受这些因素的激励，拥有同一想法和气质的员工会变得更多。我看过把离职员工的名字刻在芬理希梦①的出入口的指示牌上，这是重视"关联"而产生的一种想法和做法。这个事情在员工之间相互流传，会培养员工热爱自己所在的公司。

---

① 芬理希梦集团成立于1965年，来源于日本。活跃于纽约、巴黎、香港、东京、神户、北京、上海等世界各地。在纽约第五大道设有国际旗舰店。芬理希梦是女性化的、幸福生活的代名词，是日本邮购业的先驱。

这种能够连接看不见的空间的"心与心的桥梁"是可以信赖的。

幕府末年的志士吉田松阴信守"正确的诚实和去除私欲的自我行为必然是相通的",让我们获益良多。松阴认为"只要自己心怀日本放眼世界的忧国情怀是真诚的,那么自己死后肯定会后继有人。因此就让自己的死使之成为现实吧。这种力量会让日本展现曙光。因此自己并不是为生而生,而是为死而生",于是从容入狱。正是吉田松阴的教化开启了明治维新。

如果能够正确发挥本我,肯定会打动他人的内心。如果做不到的话肯定是本我并没有激活。如果那是本我的话,就一定可以产生联系。

稻盛和夫先生担心京瓷的前景,考虑到美国去拓展销路。从羽田机场飞往美国的场景被当时日本的报纸报道了,看到了配发照片的新闻之后,我不禁感叹"厉害啊",因为在机场送行的所有员工都身穿工作服。照片上他们戴着工作帽向前往美国推销陶瓷的稻盛和夫先生挥手告别。"好好推销啊""一定能畅销",如果没心与心的相连,这些话是肯定说不出来的。不知道当时有没有新干线,反正他们是坐火车来的,生产一线的人员专程从京都来到羽田机场,为稻盛和夫先生加油和告别。但是,最终销售并不好,据说在返回日本的飞机上稻盛和夫先生还哭了。这正是"纽带"啊。我想这就是稻盛和夫先生收获成功的关键所在。"传递"就是"传递本我"。如果本我被湮没了,也就不会有什么传递,只有隔阂了。"私"是一种有如堵住气体流动的塞子,畅通流动的是"天理",而能够保证东西在自身流动的是"本我"。

今天在演讲的同时让我感到痛苦的是,我每天反省自己也只有这个程度，确实惭愧之极。没有什么能和大家分享的东西。但是，我一直在努力。内心总有一种让"沟口雄三"这个人赤条条地去决胜负的想法。如果能够得到大家的认同，那么我也能认可自己的努力。仅凭头衔和金钱之类的外来物进行衡量的话，这是谎话。真正的自己是什么？自己最无私的东西是什么？自己现在想干什么？自己想做什么样的努力？其目的是什么？自己的目的正确吗？

虽然我自身感到非常惭愧，不过通过像这样日复一日的自我拷问，我的确逐渐明白了一点，那就是做决断的时候，当为如何正确选择而感到痛苦的时候，能够听到自己内心喊出的"前进！""退后！""放弃！""跟上！"这样的声音。我想这时候应该正是顺应着"天理"的。

这里举中国前贤讲的两个关于师友的例子。第一个是李贽的一段话，这也是"胜己之友"名字的来源。

> 世人不知友之即师，乃以四拜受业者谓之师；又不知师之即友，徒以结交亲密者谓之友。夫使友而不可以四拜受业也，则必不可以与之友矣。师而不可以心腹告语也，则亦不可以事之为师矣。
>
> ——李贽《焚书》卷二、真师二首之一

意思是：

世人不知道朋友才是老师，于是不明就里的听到人称"老师、老师"的就认为是老师了。另外，因为不知道老师才是朋友，于是认为亲密的人就是朋友。其实并非如此。既是朋友又是老师的人才是真正的朋友。既是老师同时又能像朋友一样告知以真心话，这样的人才是真正的老师。

接下来是韩愈的《师说》中的一段话：

生乎吾前，其闻道也固先乎吾，吾从而师之；生乎吾后，其闻道也亦先乎吾，吾从而师之。吾师道也，夫庸知其年之先后生于吾乎？是故无贵无贱，无长无少，道之所存，师之所存也。

——韩愈《师说》

意思是：

出生在我之前、年龄比我大的人，他懂得的道理本来就比我早，对我而言他就是我的老师。出生在我之后的人，如果他懂得道理也比我早，我也拜他为老师。我是向他学习道理的，哪管他的年龄比我大还是小呢。因此，无论高低贵贱，无论年长年幼，道理存在的地方，就是老师所在的地方。

这点和李贽的"友即师、师即友"是相通的。这里的关键词是"道"。"胜己之友"的意思是"把比自己优秀的人视为朋友"。把比自己优秀的人当作朋友，并努力提升自己。"比自己优秀"是指哪方面呢？不是马拉松的成绩，也不是棒球的击中率。对"道"的领悟有多深？是在听"道"，还是在从"道"？"道"是一个基准。所谓比自己优秀的朋友，是指"在悟道方面比自己优秀的人"。

那么，"道"是什么呢？是探索本我的途径、实现本我的方法。以本我为目标而努力，磨砺本我的行为是道的行为。自古以来，中国的"道德"是指如何实现本我。因为人与生俱来就拥有澄净的自己，所以为了不让这个澄净的自己被污染，需要在清除污垢、反省自我的同时完善自己。这样的自己就是"企业即人格的体现"中"人格"的基础。

各位工作都很辛苦。在不了解的一般人看来，企业家都是高收入、出入有名车、身着高级西服。这尽管有令人羡慕的成分，但是他们背负的责任也相当重大。他们的工作不仅关乎自己，而且还必须考虑员工的家庭。企业的方针如果出错的话，会造成社会性损失。每天都要做出各种决断，这需要非常的能力。期待大家都能努力反省本我、每天勤奋地工作。

演绎思考下的战略论

所谓"战略"是从什么事情上开始有的呢？要追问战略的本质，涉及"为什么企业间会出现落差"这个问题。现在主流的欧美式战略论的特色是采用演绎加分析的方式进行探讨。

一个是迈克尔·波特的定位理论（positioning）。迈克尔·波特说，"首先要分析市场"。然后由 5 大要素决定竞争的结果。（波特的五大竞争要素是"供货商"、"业内竞争者"、"购买者"、"替代品和服务"、"潜在进入者"）

这里预先设定为经济学上的"完全竞争"模型。例如，"潜在进入"越容易，"业内竞争"就越激烈，利润就难以提升。或者说，"购买者"的议价能力越强，"供货商"就越容易失去价格的决定权。

如果进一步探讨该模型的原理，那么在完全竞争的社会谁也赚不了钱。因此，通过提高进入壁垒、降低购买者的议价能力或强化供应商的议价能力等，使业界的竞争尽量保持为不完全竞争状态，这是"谋求利益最大化"模式。结论是，以"不完全竞争状态"为目的，夺取最佳市场阵地的企业最终胜出。

另一种思考被称为"资源最优企业观"（resource best view）。"科尔·康皮坦斯"是代表性的概念。这种观点认为，相比于取得环境阵地，灵活运用"他人难以模仿的管理资源"的企业更容易胜出。

这两种观点虽然看上去截然不同，但都在理论上描绘了完全竞争这种乌托邦，并以其为基础分析现实，两者都采用了演绎式的经济学研究方法，从这点上看，两者是同源的。

要说这类经济学的战略论问题存在于哪里的话，是与生存的现实感不相容这一点。

社会全体，或者说共同体全体的"善"和"人的脸"是不可见的。但是，解释市场分析数据的是人，生下科尔·康皮坦斯的也是人。

无论是革新自己想法使之向"真善美"转变，还是追求"怎么活下去"的盛和塾正在实践的价值创造的过程，在上面这些理论中是完全没有的。也就是说，它们是"物化的价值观"。我认为，"企业"是为了实现股东报酬最大化而可以自由买卖、合并和解散的 money making machine（赚钱装备）。

战略创造未来

我们把企业视为整体的"知识创造理论"推向世界。站在这类观点上，"战略"是用以解释现实并社会性地持续创造新现实的智慧。"知识"则是把个人的信念和想法朝着"真理"推进的社会化的充满活力的过程。

人类行为的出发点是信念（想法）。我们人类的这种主体的"想法"、"信念"、"价值观"是各不相同的，每个人都不一样。因此它们成为不了"科学"的对象。

但是，人们有"共同体验"，也彼此进行"对话"，把"想法"更好地"普及"，把"主观"带入"客观"，尽管仅从这个过程中我们无法知道是否能真正达到"真善美"，但我们应该相信存在"终极的真善美"并为之不懈努力。

将人们主观的"想法"面向世界加以概念化、理论化、现实化，这是一个革新过程，"知识基础企业观"把这个过程视为企业的理论基础。也就是说，把主观的自己的想法和价值观持续地影响他人和世界，使其正当化并付诸实践，从而丰富社会的知识量以创造未来。

当然，只要灵活且充分运用市场机制、资源分析、资源量、经济原理、科学方法论等就可以了。但是，这些容易陷入静态的物化的"名词的管理"。这里要加入"人"和"过程"的观点，重视自己的"想法"和感情。重视信念，寻找更大更普遍的关联，能动地创造未来，把握知识的动向，我想这就是我们的"知识创造理论"、"美德的管理"和作为"动词的管理"的"Managing Flow"。

"Managing Flow" 中的哲学

　　我们通常采用哲学家怀海德（Whitehead）的思维方式"过程就是现实"，非不变的事物而是过程。世界就是由各种各样的事情构成，活生生的一件件事情连续生成的世界才是真实的，过程才是实在的，这种思维方式与"万物时时刻刻在运动"的思维方式是一致的。

　　河流是事物吗？"不，河流是永不停止的激流"，这是美空云雀①歌唱的世界。虽然河底的小石头也是事物，但是它也随着水流不断地变化。太阳是事物吗？"不，它只是永不熄灭的火焰"。如果世界是流动的，那么，我们人类就不单单是停留于世界上的事物，而是一种过程，也就是说，与其说是"存在（Being）"，不如说是"成为（Becoming）"。

　　例如，汽车作为事物来看待的话是无法看到其"过程"的。实际上，我的一位友人是本田的设计师，他说只要看看其它公司的汽车，就能想象那个设计师的思维及观念，还有制造过程中"这里缺少点啥"，上市后"总会遇到这种问题吧"。那是因为他在"过程"中观察这个世界。

---

　　① 日本著名演歌歌手。

　　但是，事物是重要的。为什么呢，那是因为事物是肉眼可见的、可以参照化的、可以分析的。""过程哲学"的基本原理就是优秀事物不断创造新的东西。

　　如果把过程说成"诸行无常"，那就容易成为悲观主义。我们应该动态地捕捉过程，永远不断创造的过程。松下幸之助先生说过一个非常有趣的话题："世界本无常，此无常是衰退、是发展，那是个人思想的自由。但是，还是把它看作发展来的好，那种思维对人类来说是幸运的"。藤泽武夫先生也说"万物是时时刻刻在运动的，我们超越万物的运动"。他们都与怀海德一样，主张积极的过程理论。

无形认知与有形认知的相互提升

　　具体怎样做才能不断丰富创造过程，持续创造知识？只有相互地转换无形认知与有形认知。无形认知就是经验、主观的身体的能力。只有我才能……不断地经验反复而呈现出来。思维（信念）、"精神模范"、熟练、秘诀都是内在能力。

　　另一方面，有形认知就是一种"语言"。一种将无形认知转换成语言、文章等有形认知的"语言"。"语言"是相对于主观的、身体的经验认知而言，追求不依存特定的状况及意境的客观性和普遍性。理论、观念、数据、基本指南等等都是能在电脑上表达出来的知识。

　　我们认为，无形认知与有形认知两者都是必需的。无形认知是个人知识，但只停留于此是无法转换成共有可能的"集体知识"。为了把个人知识转换成集体知识，有必要很好地语言化。因此，无形认知与有形认知的相互提升是重要的。无形认知与有形认知两者都重要，哪个更重要呢？我们认为经验更重要。相对于欧美的"先有语言"，我们是"先有经验"这种想法。

　　我所喜爱的巨人队长岛茂雄教练几乎就是一个充满"无形认知"的人。如果硬要语言化表达，反而只能是意思不明。长岛经常使用拟声词说"好球来了就赶快'哐'地打出去"。此时从直觉上来说就能明白，但是，"哐地打出去"是怎么一回事呢，可能要说就说不清楚。

野村教练的无形认知也很丰富。他拥有接手、击中率最高的选手、本垒打大王等很多的名誉。接球手是棒球中无形认知最丰富的。但是野村的话会把它极度地彻底地语言化。其指南也是非常了不起的，将无形认知转变为有形认知的程度令人惊叹。

丰田的顶级管理者不断强调"无形认知与有形认知的相互提升"。但是，无形认知是不能完全地外在形式化的。如果无形认知能够完全外在形式化的话，我们就会被计算机所取代。但外在形式化能够使得无形认知自主地被捕捉，从而丰富无形认知本身。有形认知的伟大之处在于通过分析捕捉而超越经验。因此，通过不断反复"无形认知与有形认知的相互提升运动"，"集体知识"——甚至是由此而衍生的商品、技术、服务、解决问题等价值的提供而丰富社会的知识。

SECI 相互提升

　　如果把无形认知与有形认知的相互转换过程看成 2×2 的矩阵的话，首先是无形认知与无形认知，也就是直接经验的共有。这就叫做共同化。对方是个人，个人与个人的经验的共有、共鸣、共振。如果对方是顾客的话，也就是"成为顾客"的过程。成为用"语言"是无法表达的，由于"感情加入"及"共同体验"而成为。

　　如果是事物或事情，可能会说登山的"把自己当成山岩"，或是"与音乐会的音乐构成一体"之类的"与对象融于一体"。西田几多郎先生把它说成"纯粹经验"。这就是主体与客体的一致，也就是"主客不分"。

　　矢崎胜彦先生所说的"利他"，首先栖息于对象中，或者超越自我而成为他者，这种状态就是"共同化"。虽说超越自我就有新的"发现"，但不能就此停手，要洞察其深层的本质，必须把它语言化。

　　"语言化"是从"共同化"到"表现化"。虽然表现化是一个人也能够达成的，但是为了把人们各自的思维普遍化，对话是重要的。"三人行必有我师"之类的名言名句所说的就是统合各自的主意，达成同一的观念。

尽管创造新的观念是一种创造的过程，如果把它仅仅作为一种观念，那它还不能成形。没有成形的事物就产生不了价值。只有关联性地彻底分析观念，把它列式化、图表化后，就是组合搭配化。把它通过实践，血肉化后就是内面化。通过行动把有形认知具体化后又会培育新的无形认知。"思维"转换成"语言"，语言转换成形状，无形认知会更加地丰富。

"SECI"中的"S"是通过直接经验与现实共感（S＝共同化），把新发现的本质凝缩（E＝表现化）成观念，把观念关联后成体系化（C＝组合搭配化），把技术、商品、软件、服务、经验价值化，把知识血肉化（I＝内面化）。同时，触发组织·市场·环境的新知识，再次关联到共同化。

这种SECI的"高速旋转化"，就是让创造性与效率性有效结合的知识综合力。

从组织的程度来说，就是个人的知识发展成集体的知识，集体的知识发展成组织的知识，最后使环境的知识更加丰富的一个过程。SECI的相互提升，的确可以说是组织的一种创新。

再次从"事物"到"事情"

顾客常常追求的是"价值",价值是在有活力的运动过程中感知,不同的场合,其场景也不一样,而且是把事物作为一种媒介。因此,不管如何有趣的商品,用什么样的方法来提供,那才是重要的。也就是说,不仅仅事物(thing),事情(event)也是重要的。

例如,有"赠送礼物"这种事情。"context"这个词语可以翻译成"文脉",我们在其文脉及相关情况中,通过事物感知其"意思"。事情之中有事物,事情与事物两者是关联的,随着不断的成熟化,事情的比重会越来越高。赠送礼物为什么是高兴的呢,因为它有作为事物的价值。赠送人的心意、表达的方法、时机,不同场景不同情况感受也不一样,多样感受的经验就是其价值的源泉。

在"7·11"便利店一直实践着"假设·检验论证经营模式"。例如,在渔场附近便利店工作的店员,不是把饭团作为一个简简单单的事物来卖,而是在事情中思考事物。好的天气下,钓鱼的客人中餐吃什么才好呀、一只手吃是三明治好呀还是饭团呀。今天气温高,就有食物腐烂的危险性,女店员就想出了"梅子干",于是在自己担当的饭团部门全面地实行"梅子干"。

"我们预测今天是这种气温，因此，怀着让顾客完全不用担心食物腐烂的心情全心全意地推荐梅子干饭团"等体贴人的话语在宣传板上这样手写着，以此吸引钓鱼客人的共鸣。所以，与其说是卖事物，不如说是卖事情，这就是"7·11"便利店的基本理念。

iPod 也不是在卖事物。它是与音乐配送相关联的，也就是在卖事情，事物只是卖事情的手段。用事物的设计、技术等提高事情的感动性，这正是过程经营的本质。

产品有形、服务无形。感动的经验拥有"停留在记忆中"的特性。因此，最近有部分经济学家发表"经验经济"观点。

最近的广告"英特尔界面"也是非常有趣。以前英特尔的总裁安迪·古劳布开发半导体的时候说："我们给客户提供的价值不是计算机这种事物，而是传送信息，传送与现实完全一致的交互经验。"据我所知，英特尔是把电子器件作为一种事情来思考的最早的公司。

知识基础·活力企业模式

以 SECI 模式为中枢的知识基础企业其"蓝图"—"对话"—"实践"是三位一体的。"对话"就是把无形认知有形认知化。"实践"就是把有形认知无形认知化。引导它们的思维就是"蓝图"。现场支援三位一体，不断地创造知识资产，与环境融为一体而丰富环境知识。"环境"，不只是市场，所有的知识是相互关联的体系，环境也可以说是"知识的储水池"。

知识体系全部是相互关联的。利害关系人有时相互妥协结成联盟，有时又相互竞争。21 世纪知识社会发展方式是用关联综合体捕捉"环境"的一种模式，我们把它介绍为"知识基础企业的过程模式"。

蓝图、对话、实践、现场、知识资产、环境（生态系）总括起来就是"知识的综合力"，发挥"知识的综合力"的活力过程就是领导艺术的本质。目前为止我一直探索"知识创造理论"，但是，积累"知识"，提升至"智慧"的领导艺术是企业家或者中间管理者的职责，其根本就是"贤虑"。

Phronesis 乃至实践的智慧

　　贤虑（Phronesis）是亚里士多德提倡的理论，在日本把它翻译成"贤虑"或者"实践的智慧"。那么"Phronesis"是什么呢？它是通过各自思考价值和理论，在个别的具体的有关联的状况及文脉中，能够进行最佳的判断和行动的实践的智慧。只有达到这种认知程度，才能明白终极的"经营"。

　　如果仅仅对"知识"追根究底的话，就会变成"理论可行"。这种观点是在理论上组合一种完全没有经历过的既存模式，首先提出"理论上正确的整体"，然后再在实践中施行。

　　经营的本质与物理学是不一样的。在现实中所有的都是个别的、具体的，相同的事情不会再次发生。因此，一边丰富经验一边不断积累知识。"这种场合下是这样的，那种场合下是那样的"，所有的都只有一次性。假如相同的事情多次反复的话，理论体系就成型了。但是，现实是一物一样的，在一物一样中能够追求"普遍"的是超人。虽然不是"一生只遇一次"，但要求我们具备在仅仅发生一次的现象中推测出"普遍"的能力。

Phronetick 领导人物

我们认为"贤虑型领导人物"应具备6种能力。

第一，创造从善目标的能力。

第二，适时创建发挥现场的能力。

第三，直观现实背后本质的能力。

第四，把发现转换为概念的能力。

第五，把概念结晶化的政治力。

第六，把智慧实践性并组织化的能力。

不具备这6种能力就不是真正的领导人物。也许盛和塾是把第6个作为其重要目的之一吧。大家所共有的组织，通过不断地磨练，提升为智慧，后达到"理想"与"现实"的统一，成为强有力的组织。

创造从善目标的能力

第一个"创造从善目标的能力"，这是在个别的情况下能够发挥判断何为善的能力。我们所知道的"母亲的知识"就有这种说法。诸如"你看，这种情况下是这样的，你怎么什么都看不到呢……"

亚里士多德说"人性本善"，是极端的乐观论者。他所说的

"good"（善）绝不是不择手段的"绝对价值"，那是诸如"幸福"、"自我实现"之类的意思。金钱是不断追求目的的手段，而不能成为"good"（善）。

还有一种思维，"good"是无限追求卓越性的过程本身。关于这点，中小企业经营主理解得更透彻，也就是"手艺人之道"。我的父亲也是手艺人，是一位无限超越自己的技工人物，现今专业性的追求其本身就是"good"。

茂木健一郎先生在NHK电视台的节目"专业的工作做派"是一档非常认真的节目。出演者最后被问及"对你而言，专业在于哪里"，茂木先生说，如果简单地概括到此为止的流程的专业性，就是"为了世界和为了他人追求无限的卓越性"，于是在场的人们都异口同声地说"还未成熟"。

这种思维也就是认为对于卓越性的无限追求，其本身就是善。问题是谁来决定"善"的内容呢？亚里士多德说那是"集团的传统"，这也就是说是种"常识"。人类就是这样延续集团的。在人类历史中何为"善"？何为"真"？何为"美"？这些常识是在人类的集团中积累下来的。

反过来说，哪个集团的部门（公司或者社会）不具有很好的评价基准，在那里工作的人们的卓越性水平也就无法提高。

同时，如果一个集团的人们一直不断努力"超越"卓越性的基准。一旦超越的话，原来的基准便会进一步地提升。如果不断地磨练常识的话，谁都可以达到无人能模仿的非常识。为此，必须是"开放的集团"，不可以是教义化的。看一个企业的蓝图以及各种事物，就可以了解到这个集团的卓越性的基准。

最初让我拜读的"经营的原点12条"是非常了不起的。有位叫海德格尔的哲学家，他对人类的生活方式产生了非常大的影响。海德格尔不断追问"人类的存在究竟是什么"，作为结论，他回答说"是时间性"。"时间"有两种，"现在"马上就会成为"过去"，"未来"尚未来到，所以，人应该为能够看见的现在而活。但是，海德格尔没追究到"真正地活着"，而只说是"非本来的时间"。

对于我们来说唯一的真理是"我们一定会死的"。但是，"死"说白了就是"可能性的终点"。我们"活着"就是把自身置于"未来"，从那里"重新看待过去"，于是未来与过去合二为一，"现在"更好地生活下去，这就是海德格尔所说的"本来的时间"。

例如，有位女士决心"要做一位诗人"，于是，她的过去经历能否成为诗歌的原材料？是否能将过去的意义再度发掘？以前从未思考过的问题就在"未来"的时间点上表现出来。然后再结合如下几点。我的朋友是否有诗歌的读者？他们的需求是什么？出版社有什么人脉网等等。新的问题不断地出现。

这实际上说的是我女儿的事，她突然说"要做一位诗人"，但是因为我说"还是放弃的好，诗歌又不能充饥，不如做个老师"，现在她在美国教书，和一个白人结婚了。这出乎我的意料之外。唯一弄明白的是"对方没有工作，所以婚后还要继续给生活费"。所以要追求知识的话，还是需要花费金钱的。

《丰田之路》中有"我们继承了员工的时间这个最宝贵的遗产，一刻都不能白白浪费"这么一条，这个与海德格尔没啥关系，但是很有趣。不管怎么说，人类存在的本质就是把握"时间"。

有所叫 AT 的制药公司,是一所非常有志向的公司,它们的蓝图是"hhc"(人类、健康、护理)。我们是为患者而生存,与患者共享喜怒哀乐,共享无形认知的同时,为他们的幸福而创新。

"患者满意程度的增加"在先,这就与"利益"关联,顺序不是相反的。生活方式追求的结果就是获取利益。这并不是否定利益,利益是持续性的源泉之一,这种条款在日本的股东总会中恐怕是最早的。非常幸运的是,那时股价高没人反对。但是,我们如果细细地考虑的话,这真是够呛的事情。制药公司本来应该是把药师、医院等制度以及流通业放在首位,但是,宣传为"患者第一"了。

我曾做过三井物产的独立董事。三井物产的创新就是"善(好)的工作"这种概念。以前业绩是 100% 定量评价,枪田社长进行大改革,变成"定量两成,定性八成"。甚至他所说的"善的工作"因人而异。什么是"good(善)",是对自己有利的"好"、对团队有利的"好"、对部门有利的"好"、对三井物产有利的"好"、还是对社会有利的"好"呢? 这些都要考虑。

三井物产用定性八成述说着"故事"。在工作中重复着不成熟的讨论,实际上每一个回合都会不断地丰富知识,最终完全转变成"还是这样做吧,也许错了但还是先干,错了的话可以改正"风格。对"善的工作"拥有自信的员工干劲十足,结果产生了很好的收益。

哲学家说"蓝图就是未来的一种可能性"实际上是合理的。这非常有趣,我们是为梦想和理想而行动。最适宜的生活是想超越"可能性的终点"才能达到的,否则是达不到的。因此,追求

（梦想和理想）本身是合理的，总的说来，超越的结果必然产生卓越的利益。

刚才说了"知识体系"，所有的"环境的知识"是必然关联的，其关联性与其把它看作小的关联性，不如把它看作大的关联性，这样产生的成果是大不一样的。

在丰田开发出混合动力汽车之前，丰田在看到竞争对手时总这么质问自己："为什么丰田不能像本田一样造出年轻人喜爱的汽车呢"。这样的话，关联性的幅度就狭窄，于是上层就提出"老这样行吗"的疑问，同时，京都议定书提出了地球环境问题。

总之，为了集团而活，有时需要在"世界"的关联性中看问题，这样他们就"跳跃"了，最后是这样好还是那样好，非常有趣的是，那时上层说"丰田有自信，一定在5年内成本减半"。为了"跳跃"，日常常识的磨练就是基础。

"关联性"在"市场"中就只能看见竞争对手。但是，在"知识体系"中看环境，关联性是无限扩大的。关联性越能很大程度地概念化的话，其成功概率也越高。即使失败了得到的东西也很多，我感觉现在就是这样的时代。

适时创造发挥现场的能力

第一个，"适时创造发挥现场的能力"非常地重要。我认为所有的根源在于经验，不共有经验就无法创造知识。经验是人与人直接作用下产生的，我们所使用的正是有那种意义的"现场"概念，这是西田哲学之说。

第二个，我们经常说"在组织中工作"。欧美型的经营学认为，环境决定组织的存在，组织决定个人的行动。的确，组织的构造和设计间接地给我们极大的影响，但是，每日都给予影响的是人与人的直接相互作用。触发那种相互作用的不是抽象的组织而是具体的现场。在真正层面上的日常交互作用发生的现场，因为个人属于某一个组织，所以作为组织的一员，"个人"中有"组织"的存在，同时我们每个"个人"中也隐藏着"环境"。

"实际上今天来这之前，我去拜访了那边的顾客，原来顾客都有这样的问题意识"，这样向顾客咨询的话，那个市场的竞争状况和环境的共生方式，不用做分析也就明白了，那是因为"环境"就深藏在我们的心中。这样人们在"现在·这里"共有最新的经验——就是"现场"，因此最有效果。所有的知识同一时间、于多个场所在"现在·这里"的现场发生，这是非常重要的。"现场"就是全部，它改变组织的存在方式，也改变个人的存在方式。

现场也可以说是在时间空间中，环境·组织·个人相互渗透的过程。现在必然会反映过去，开创未来，为此，为激起共感和共鸣就必须共有无形认知，光语言是不行的，没有身体的共振性，现场是无法成立的，在这种情况下，创造发挥"现场"是非常重要的。

只不过，建立激发知识的现场需要几个条件。例如有人认为第一个是"要拥有目的意识"，第二个是"中心要一直处于运动之中"。有些场合需要上层决定，有些场合需要中层决定，有时根据情况需要基层来决定，这就是"中心"不断地在运转。

第三个，谁都不能做旁观者，这是大家约定的，旁观者是吃不开的。

第四个，通过人与人的相互对话及相互作用，对自身的评价更客观化。

第五个，建立好的最有效的对接现场，举一个形象的例子，就是一个球体。球体表面积最小、体积最大。创立一个好的现场，就会产生最有效、最好的知识的共有、共生、共鸣。

要创造这种现场有很多种做法。例如，本田宗一郎先生最喜欢开玩笑，就使整个现场一下子产生共鸣。玩笑是能一下子抓住机会掌控气氛的。如果没有适时的平衡和时机的话，玩笑是无法成立，这是人情的微妙之处。本田宗一郎先生的能力是"猥谈"（指用低俗语和下流的语言交谈，多指谈论性或无耻的事）。猥谈离开适时平衡就会很糟糕。但是，他就很好地拥有适时平衡的感性。稍微有点欠品位，所以在盛和塾可能就无法推荐啦。

"喝酒"是非常重要的。通过邮件交流的现场也是能成立的，只要参加了一次盛和塾的活动，即使只通过邮件也可以沟通理解对方。当"语言"在不断地简化其意思的情况下，其深层的意思就会被抛弃，所以还需要把模拟与数字很好地结合起来，这样才能更好地构筑现场。

如果在现实工作中全部满足现在所说的五个条件，我们认为最好还是得有个项目队伍。这也可以说是某种战斗场吧。我觉得最近较流行的一个，就是将全部的工作都交给项目队伍做。

本田公司把创建现场叫做"WAIGAYA"，据我的朋友说，本田公司做项目，用的就是典型的项目队伍模式，本田内部称之为"三天三晚研修"。他们选择非常好的饮食和高档的宾馆或旅馆，一切费用由公司负担。在享受的同时，大家都有"对不住"公司的心情，于是觉得"必须做点什么"，于是就从说上司的坏话开始。

当吐槽一直持续下去就容易引起争吵，但所有人都无处可逃。我想理论上有深层次的有形认知和浅层次的有形认知，表层的有形认知已说得差不多，剩下的就是"人类的生存方式"、"思维"、"价值观"等，开始脱离"个人"的框架限制。

这样的话，相互认同对方的"差异"，即使不中意，也会想到"你都做到那份上了"，在最后一天，思维发生飞跃。据说要达到飞跃，平均大概要三天三晚。

现在因为经济不太景气，已经不太好安排住宿在"奢侈"的宾馆，但公司特意安排的意图可以理解，也就是与"组织"相比较，更重视"现场"。

而且，现场是相互连锁的。最近出了这样一种观念"小型网络世界"，我们与根本不认识的人初次对话时，偶尔会聊到共同的朋友，那时就会惊呼"哦，世界太小"（Oh! It's a small world），通过这样能关联到六个人，地球就转动了，你的人际关系就成立了。所以说，让世界动起来并不需要太多的人。可以说，人类是某种意义上的"集线器"，链接口越多越好。

在佳能公司，每天早上经营管理层都有"早会"杂谈，没有固定的议题。每个人都谈自己最新的"现在·这里"的经验，在杂谈中有时会突然发现某种关联性，于是变成正式的对话，而且必须9点得出结论散会。至于佳能是否有战略不太清楚，但这个"常识"从星期一至星期五每天都在继续。在这个现场，无法决断的事情通过各种形式链接起来。于是佳能海外销售公司的社长会议就能把世界的智慧集中起来了。因为如果有规律地链接"现在·这里"，一定会有公司其他的成员也在模仿这样的现场活动，当所有人都实现了同步，那么现场就在多层次的活跃性地运动着。这不是"组织的构造"这种静态的、固定的，现实是动态的。

直观现实背后本质的能力

若要感受实际的现实，就必须去现场。现实时时刻刻都在变化。在个别生动的现实背后都存在着一定的本质。在一次性事件的背后往往都隐藏着共通的本质，只是本质这东西无法用眼去看，而是需要从善变的现实中去动态地感受。有句话说"神存在于细节"，换而言之"神"与"细节"可以互用。真理存在于个别具体的微观之中。因此，这就是所谓的去"现场"。

我们经常说"现实、实物、现实"，但"现实"（reality）分为"物的现实"和"事的现实"（actuality）两种。重要的是"actuality"，貌似这个词源自于action，"行动"。所谓"actuality"，就是在交际过程中使用你的五感与顾客共同体验的同时，立足于顾客视点的现场。

去现场，像新闻记者一样作为旁观者观看也是"现实"，但属于reality，因为没有实际参与到对方当中，只是在一旁单纯地分析。因为是现场，必须做到actuality。

"去现场"，用本田的英文表述为"the actual place"。"了解实物、现状"为"the actuathing or situation"。但是，通过分析得出的"为现实"则表示为"being realistic"。而非像这样拘泥于"actual"一词。

在位于美国底特律的"汽车殿堂"里，有两张本田宗一郎的照片。一张是本田宗一郎在电路场里用手触地的照片。虽然手不是听觉器官，但通过手可以听到发动机的声音。这就是所谓的"actuality"。如果不这么做，就不能称之为"现场"。本田宗一郎立于骑手的视线，全身心地站在对方的视点，从中指出假设，靠近主题。

Eisai① 也是一样。说"human health care"，谁都不懂。因此挑选一些中间人员与老人看护者进行了"共体验"。Eisai（包括研究开发部门）95%的中间人员都完成了共体验的研修。有时看护中的老人会离去，于是他们会体会到无以言表的感受。为了触发这一感受，身体就必须与对方做到共振、共鸣、共有。

把发现转换为概念的能力

"将直观变为彻底体现其本质的词"，对我们来说很难。在非常注重细节的同时又如吹牛似的大谈概念及故事，这只是从人们不同的主观中找出普遍的统一性。也就是说，我们必须锻炼将其主题化、故事化、模式化的能力。

我们时常都在打磨自己的经验。如果能从中获取将本质彻底用"言语"明示的能力，则如虎添翼。"用语言诠释的过程当中难道没有无价值的吗"，也许有人会提出这样的疑问。变为"手册"后没有任何意义也就是这个道理。怀海德被称为"笨蛋诗人"。能依靠"言语"将现实变为actuality的人，才称之为诗人。

在一所不善于用言语表达红酒味道及香气的学校，经过品酒

---

① 卫材株式会社是一家以研究开发医药产品为主的跨国公司，总部设在日本东京。

师指点后，大家都豁然开朗，茅塞顿开。大家最终都要成为这样的诗人……很难吧。

法律辩证对话，是一种否定"正"、"反"、"合"的创造性对话法。另一种就是将主题以"物语"的形式表现。将事变为"物语"。因此，梗概就显得非常重要。优秀的领导者，包括稻盛塾长在内，相信都非常擅长"物语"。在朝着梦想前行的过程中，会直面各式各样的困难，最终剥去虚假的面具。这就是所谓的传奇剧，例如星球大战（Star Wars）。

另外，亦有"悲剧"的梗概。这是一味的消沉毫无朝气。因此制作（传奇剧）"物语"的能力非常重要。在讲"物语"的时候，往往非常容易引起众人的反响，"如果是这样的话，我就会这么做"等等。

在佳能公司，如果找到工作的目标则会将其数值化，并同时为达到目标会将过程故事化。

最近，所谓的"商业模式"在欧美等国家也重新备受关注。但反复思考所谓的"战略"时，就会发现这一切其实都是"个别、具体"的故事。

说些题外话，在《哈佛商业评论》的杂志上刊登了一篇题为《恢复美国竞争力》的论文。说的是"世界不平坦，重要的地方往往都难以用主观语言去表达"。迄今美国由于将"集中和选择"做得太过，而引起 outsourcing（业务外包）的潮流，结果令"无形认知"传到世界各地。

如今美国制造的商品，其零件大多都在美国以外的国家生产。"这样到底好不好？"在此，有人断开 R&D（研究开发活动）的先进技术，主张政府与民间应积极开发和研究。这就是所谓的日本通产模式。

另一方，企业家不要将所有责任指向华尔街。大家都深受短期收益型股东的影响，将所有程序委托他人。其实不能这样，应该更积极地持有理想，更勇于倡导"朝着中长期方向的目标"。实际上，谷歌的创始人明言驱逐短期收益型的股东，指出："我们不作恶，通过（善）获取利益。为此，我们将朝着中长期方向持续经营"。

华尔街的人并非一群笨蛋，他们都拥有聆听的耳朵。因此比起分析，决定的勇气很重要。也就是说"你们缺乏的是毅力"。

商业模式的一般思维方式，对一件商品、一种技术、一项服务、一种解决方案，每一项的逻辑都不一样。所以，为顾客提供的"价值"究竟是什么？这就是所谓的"价值命题"。在彻底思考后，区分不同的客户，满足他们各自的需求，这是我们应加强的组织能力。

根据不同的顾客，从不同的方面获取利益。从组织的基础上可以了解成本。将这些市场价值及成本综合在一起考虑收益。因此，所谓的商业模式就是在某种意义上，我们如何将"价值命题"，也就是"知"转变为收益的流程。

商业模式改革并不容易。我想 FELISSIMO（即芬理希梦集团）①采用的模式也不是一开始就分析好的。是矢崎胜彦先生在

---

① 芬理希梦集团是一个以原创商品为中心，同时以独特的视点选择国内外的商品和服务，通过目录和网站等原创沟通媒体为生活者进行生活提案的直销公司。1965 年成立于日本，迄今已有 50 多年的历史。拥有几百万会员，销售额达 500 多亿日元，公司职员 1000 多人，是以"幸福社会学的确立和实践"为理念的成功上市公司。

多次错误试行中最终形成了如今的这种模式，并且依然是处于进化过程中的生动模式。

我们的"知识基础上的商业模式"彻底从"价值命题"的思考中脱离。这只是企划，具体却没有那么简单。"价值命题"并不是只在分析时就能出来的。是直观，是洞察力。经常被用来例举的是印度（Tata Motors）汽车公司开发的 NANO 汽车。

某个雨天，塔塔的 CEO 在孟买的路上看见了骑着摩托的一家人。一家人同骑一辆。通常这都被视为"不可思议"，但"这是发展中国家的特质"。

这时 Ratan 意识到："如果我们能提供雨天可安全行驶且价格便宜的四轮车，那这些人不就会成为新的客户群体吗?"想提供比二轮更安全，且又具有小量功能的四轮家族摩托车，这就是"价值命题"。但这些人能够支付的最高价格又是多少呢? 大概 2500 美元的样子吧。如果能生产出这样的车，那顾客群将会完全改变。

同时，Ratan 针对自己企业究竟能做到哪一步也进行了思考。因此，他组建了一支年轻的技师队伍，将零件的数量彻底减少、凝缩。例如，只在一边安放后视镜等，反复思考成本问题。为了让 NANO 真正走向市场，Ratan 在减少零件的同时，为了提高外部订单率，使用既存生产线又能使用的东西，制造出了能够产出价格 2500 美元车的基础结构。

虽然 Ratan 只遇到过一次这样的事件，但能从这一次特殊的事件中看到普遍，这就是 Ratan 的厉害之处，是 Ratan 的"智慧"。将智慧转变为财富，犹如动物敏感嗅觉般的洞察力源于"价值命题"。

实际上能做到这点的，都是非常具有卓越领导力和领导地位的人，也就是常说的 SECI 模式。如果没有很好地运用 SECI 模式，那也就无法创造出"价值命题"。创造价值命题的智慧过程及领导能力，在传统的欧美商业模式中是无法做到的。

实现概念的政治力

第五重要的还属执行力。这就必须发挥所谓的政治力。毕竟人们都不是只活在好事中，也会遇到各式各样的矛盾。依场合，有时也必须理解"Machiavelli"①。也就是说，在理解"善"的同时也必须理解"恶"。

实践知识组织化的能力

第六是将实践知识组织化的能力。从某种意义上来说盛和塾就是稻盛塾长的一个模型。事实上实践知识是一种非常难以表达的东西，通过手册无法传达。但又如何才能传达呢？这就要通过肢体语言去实际表现。

虽然本田的福井威夫（社长）说过："所有的员工都必须成为本田宗一郎。"但那始终是不可能的。其实他真正的意图是让所有人思考"如果在这种场合，本田宗一郎会如何思考"。但是，却不可模仿本田宗一郎。因为每个人都有自己想要表达的方式方法。在这个基础上创造出自己应有的形象则是福井威夫所想的。

---

① 马基雅维里（Machiavelli，1469～1527 年）是意大利政治家和历史学家，以主张为达目的可以不择手段而著称于世，马基雅维里主义（machiavellianism）也因之成为权术和谋略的代名词。

换言之，否定了本田宗一郎的一部分，却创造出了新的模式。在此我们将其称为"新的徒弟模式"。我认为实践知识的教育传承可以被认为是"新徒弟制度"。

实践知识要如何育成？我认为，一是要拥有"教养"。二是与高质经验、战斗场面、特别范本的共体验。失败的经验非常重要。真理往往都存在于成功经验及失败经验两极的某处。"正好是这里"在"论理"上是总结不出来的。我们所学到的往往大多来自"失败的经验"。但如果一直处于失败，人也会变得非常阴暗。所以，失败与成功的经验都可以帮忙养成"最佳方向"的判断力。

最初的时候，我列举了"无形认知"和"有形认知"。主观就是所谓的无形认知。是经验，是个别的具体，是现实主义。有形认知是一种客观，是言语，是普遍，是理想主义。将这些来回旋转的话便是"对话"与"实践"。每天都需练习对话和实践。

这样不断地重复，不断地联系在一起，朝着实现"共通善"的目标一步一步前进。"共通善"毫无疑问是存在的。也许可能无法达到，但如果像"职人道"般持续做着无限的螺旋运动，不就是对卓越性的一种追求吗？也许我们可以把这个称为"假设的验证"。在错综复杂的网络界，将所有事物连锁起来，并将对话与实践重叠，朝着理想不停地做着"无形认知——有形认知"的旋转式运动。这个理想就接近于共通善。

对想以怎样的方式生存、"什么是真的"的强烈追求。卓越性经营的本质不是作为一台追求利益的机器去机械化地经营，是"生存的方式"这种方式，不就是日日将"知识"磨练成"智慧"的企业应该向世界传达的模式吗？希望大家一定要将此变为现实。

最后，更简单地说，便是"智慧的体育会系"。只静不动是不行的。但同时请再深入地思考，也就是"边动边思考"。"in action"就是"在运动中"的意思。不过也因人而异，有些人也许会说"并不是那样，是边走边思考"。但是不管怎么说，最终也都是边动边思考，且无限地追求"更好"，这就是我所想的智慧的体育会系。

共通的是"敬畏的心"

伊藤堂的创始人伊藤雅俊的一些话非常深刻。伊藤先生认识很多杰出的有着美国梦的朋友，如美国流通业的沃尔玛、西尔斯罗巴克等公司的领袖。包括伊藤先生本人，他们都有着一些共同经历。3人均是第一次世界大战后世界大恐慌的经历者。伊藤先生是在孩童时期经历的大恐慌。

伊藤先生说："经历过大恐慌的人，总是在某些地方显得比较谦虚"。与那些制造美国次贷危机的金钱牺牲者相比，他们远远是非常优秀的领导人。而他们的共同项则是拥有"敬畏的心"。有着共通的所谓"有人力无法办成事"的极限体验。

一切都是相连的。我们所看到的"关系性"都有种界限，有种我们无论如何都无法看到的"关系性"，那便是大恐慌。关于美国次贷危机事件，当时也是难以预测的。因此直面过无法改变的"历史的潮流"的人们就显得异常谦虚。

卓见的要素之一就是"教养"。这个教养与"哲学"并排，有着"历史性"。著名历史学家布罗代尔（Braudel）就写了一本名为"地中海"的书。这本书几年前在日本也是非常的受欢迎。今天我有提到"时间轴"这个话题，Braudel的历史观是从三个角度捕捉世界。基本不变的时间轴是地理及地政学，变化比较慢的是"社会"或"文明"，变化最快的是每日都在发生的事件，从三个层面多点观察世界是非常重要的。

Braudel 的情况是将我们无法把握的事物变成长期被决定的所谓环境决定论的结论。虽然马克思说下部构造都被全部规定了，但问题是如果依据环境决定论，那人的自由度又在哪里？

一位名为宫台真司的社会学家写了一本书，题为《十四岁开始的社会学》。因为是 14 岁，所以我们非常了解。他说，我们无法否定我们曾处于那种无法主导的历史潮流中。但是，如果这么说了，那些拥有"领导风范"的人的"自由意志"也将消失不见。人总是被环境影响，但环境也会因我们的自由意志而改变。所以，我们生存在这样的双重性之中。

第二篇

共促学习手册

胜己之友第 14 届（2013 年度）集训研讨会

举办时间：2013 年 5 月 21 日

举办场所：大阪日航酒店

对 话 者：野中郁次郎先生（一桥大学名誉教授）

野中郁次郎先生简介

    历任南山大学经营学院副教授、教授、防卫大学教授。1982 年受聘于一桥大学，历任产业研究所教授、所长、国际企业战略学院教授，2006 年起任名誉教授。野中教授的学术造诣非常深厚，在市场营销、组织论、经营战略、创新等领域都卓有建树，尤其是关于知识创造过程、知识管理、知识科学的研究和实践，受到了国际学术界和企业界的高度关注和评价。1995 年，他在北陆先端科学技术大学 (JAIST) 创办了知识科学学院并担任首任院长，在美国出版的《知识创造公司》(The knowledge-Creating Company)，是当年以及此后多年的畅销书。1997 年，他被母校加州大学伯克利分校哈斯商学院聘为"施乐知识学特聘教授"。在日本企业界，他应聘担任富士通、三井物产、Seven & I 等著名企业的独立董事，为这些企业在应用知识创造理论提高竞争力方面提供咨询。由于这些成就，他被国际学术界誉为"知识创造理论之父"和"知识管理的拓荒者"。由于野中郁次郎在学术领域作出的杰出贡献，20002 年日本政府曾授予他"紫绶勋章"，美国管理科学院选他为名誉会员。2007 年，他荣获美国管理科学院国际管理学奖，2008 年又被《华尔街杂志》选为"最有影响力的管理学家之一"。

小　结

能收到盛和塾的邀请感到格外荣幸。我和矢崎代表在 21 年前就见过面，我们俩虽然年纪都不小了，但心理上还没老，反而感觉确实越来越年轻。我知道，在座的大部分都是大企业负责人，从这个意义上来说，接下来的公开座谈讨论会，也会让我得到启发并受益良多。

他们告诉我说各位都读过《美德的管理》，其实我和大家一样，也在不断地追求进步。2008 年我出版了《Managing Flow》（管理流程）一书，因此，刚才有人把我列为"经济思想家 20人"中的第 20 位。所谓的 Business Thinker，一言以蔽之，即"创造概念的人"。所谓的"conception"，诸位可以这样理解，我们经过路边，看见某个事物，由于灯光角度的原因，它普普通通毫不出彩。但当我们转出街角，无意中回头一看，发现有一束新的灯光从其他方向投射在这个事物上，于是它摇身一变，熠熠生辉光彩夺目。这种突兀的变化会产生一道灵感的闪电，直劈入你内心深处，将一些困惑已久的烦乱迎面斩开。那一瞬间，你会由衷感叹："啊！就是这样啊"。"conception"就是这样一种新观点，它能够让你直接解析、洞察到事物的根源。

我们日本人对于穷究"言语"的本质并不是很在行，"锤炼言语"进而准确、有逻辑性地阐述问题，在很多地方不如欧美。

但是对于只要做的话就能做好这件事情，我仍然想在这里啰嗦几句。

《Managing Flow》中的"Flow"是动词"流动"。说是 dynamic（生机勃勃）的"关联性"词汇或者"事件"（event）也可以。用日语说，这两个词的意思就是"管理事物"。这本书的日文版计划在 2009 年年底出来。今天我想讲讲《美德的管理》内容之外，也就是该书出版后我新近生出的一些思考，希望能使大家有所启发。

加速历史的洪流

野中郁次郎：面对那些目不暇接的环境变化，我们不得不去适应。即使这样，在历史的洪流中我们也应努力前行，不要因为梦想和现实不同就单纯地选择放弃，而要把"我现在能做的事"和"梦想"一同画进历史的洪流之中。我说过"不要慌"，"不要慌"是指当我们的认知不同于甚至暂时逆反于历史的潮流时，要保持镇定。在无可奈何的潮流面前，必须坚持信念——"我们应该要这样"。是的，这么做不能保证最终一定成功，所以我认为，实践自我认知的最高境界就是盛和塾所谓的"勇气"。

"创造新商业的绝好时机"的意思，并不是我们"可以自由利用意志，完全操控世界"的傲慢态度。我们应持有敬畏，"世上毕竟还是有我们人类所不可知的东西"，同时，也应揭开自己独有的梦想，加速历史的洪流。

矢崎胜彦：正因为处在这样的时期，所以我们提出崇高志向和理想。在此，能否谈论一下你提及的"捕捉不到太大的关系性"和"做大概念化"？

野中郁次郎：我举过丰田的例子——"想让孩子们的空气清新"，丰田的际遇就是这样。Muskie 法①在加利福尼亚通过的时

---

① 1970 年美国制定限制汽车尾气法，因该法系上院议员 E. S. Muskie 提出，故称 Muskie 法。

候，本田宗一郎对技师团队下达号令"这是打败三强的最佳时机"。那时的中层技师领导人，也就是之后成为社长的久米先生。他让父亲在一些方面停手，说："我们不要将时间浪费在那些不好的事物上，我们的目标是想为孩子们营造更清新的空气。"在那时，大家都朝着共、通、善的方向努力，并且开发出了 CC 发动机。最后不要忽视，他们还拥有"勇气"。

但是，不管是普锐斯还是 CVCC 发动机，他们并非是在没有实力的情况下就忽然跨越发展成功。都是源自类似"一点点地彻底降低成本"等现场智慧的不断积累，最终才成功飞跃的。

所以说，演绎法是用理论检验真伪，而实践不是。亚里士多德所说的"卓见"就是实践的三段论法。首先询问"想做什么"，接着对实现的手段做假设，引起"那就试着做做看"的行动。实践的三段论法是建立在"如果错了改就是了"这一基础上的假设生成、修正假设的反复实践。因此，核心就在于"做做看"的行为。为实现共、通、善，修正假设，并无限克服理想与现实间的矛盾，首先就是行动，不行动就什么都成不了。

通过客观分析寻找信念

野中郁次郎：逐渐看到能够表示大方向的矢量，那就是企业的理想。用 Eisai 来说的话，就是不管怎样，至少也要做到"对人们健康的护理"。例如在医院实习的同时也做些公益活动的话，就能明白与患者间共有的喜怒哀乐"原来就是这样的"。只有与不断变化的现实相磨合才能逐渐进化。

矢崎胜彦：如果我们俯瞰逆算①共、通、善的话，现在又会是什么样子呢?

野中郁次郎：嗯……如果这样假想的话，从某种意义上说，或许可以被称为柔和的演绎。因为，至少针对应有的形象，画出了大的理想。但是，这个理想和不断变化的现实相磨合而来的。原本"演绎"是理论型的，与经验无关。所以是实践的都属归纳法，但归纳法因场合而异。

皮尔士说从归纳和个别具体的事实里制造普遍（用部分创造整体）。所谓的溯因推理并不是"弹性"的归纳，而是"跳跃性"的归纳。侦探小说中的福尔摩斯就是一个典型的例子。他只是看到了一顶帽子，从而举出许多跳跃式的假说。但华生看见同一帽

---

① 以未来的视角观望现在。

子并没有想到什么。因此，福尔摩斯总是嘲笑华生："虽然你我看的都是同一件东西，但对你来说，和没看到是一样的"。

社会上常有的就是一期一会①，事都只会发生一次。如果什么事都能够反复发生的话，那假设就很容易被普遍化了。这样的话就和归纳法的演绎一样会成为科学的一部分。但社会科学现象是不会同样出现第二次的。我们经常说"历史重复"，事实上没有绝对的重复存在。不过，从一次性发生的事情中寻找出普遍性，这就是创造的本源。

矢崎胜彦：这次的公开演讲，年轻人多了许多。野中郁次郎先生的每句话都非常富有深意，福岛先生的关于"关系性"的话题也是非常重要的一部分。如果还有时间的话，希望一会儿还能够再谈一次。

首先，对今天野中郁次郎先生所讲的话，我非常想与更多的人一起分享。就是有关"无形认知"的领域，且塾长也曾在盛和塾里强调过的"利他"重要性的那方面。我们在大阪，将受困于"利己"的无形认知看作"A 型构造"。本来如果将"无形认知"展开的话，也许就能牵引出一个无尽藏②的领域。"利己"就是被定为末那识③的"唯识"里的一小块领域。所以，无形认知里的"利他"，就如"唯识"的阿赖耶识级别的重要性一样。

但即使是"利他"，如果还是局限于之前所谓的"无形认

---

① 意为一生只有一次的缘分，来源于日本茶道用语。
② 《维摩诘经·菩萨品》认为，"无尽"是不生不灭的"无为法"。又佛性广大无穷、妙用无边，谓之"无尽藏"。
③ 佛学八识中第七识。

知"，那也就只会停留在个体中。因此也就得出了通过将其"形式化"去超越"个体"的结论，也就是"超越作为个体的经验级别"。就此而言，将无形认知转为有形认知或螺旋式的提升就显得尤为重要。

也许大家对将无形认知中的"利他"这一W领域意识化的重要性和"有形认知"超越个体经验和超越时空，都有着非常深刻的实际体会。我认为这些非常重要，所以还想在此与大家共同分享由年轻学员制定的统一主题"创造可持续发展的自利和利他的经营"。

野中郁次郎：我对"无形认知"感兴趣的是因为一位叫Michael Polanyi的哲学家。他在化学领域有着非常卓越的成就，就算拿诺贝尔奖也不觉得稀奇的天才人物。只可惜最终因趋向"哲学"而与诺贝尔擦肩，但他的长子却在化学领域取得了诺贝尔奖。

Michael Polanyi自身非常懂得客观分析自然科学，但他说科学家每个人在客观分析之前都会有"想做这件事"的想法。或许这就是人们常说的"信念"吧。

没有"想法"的人看不清"世界"。因为有"想法"才会提出将想法概念化的假设。而科学方式的本质，是验证假设与所观察到事实是否相符，而最终得出"这就是真理"的结果。

科学不会在验证前提出"为什么会有这样的假设"之类的问题。他认为对于科学的发现，最重要的还是有没有信念的问题。这种信念就来自于"主观的身体智慧"。也是因为这，Polanyi成为了最初主张"无形认知重要性"的科学家。

融入对方之中

一方面，在日本的一位名叫西田几多郎的京都学派哲学家提出了"纯粹经验"的主题。他的"西田哲学"被许多人所熟悉。"Pure experience"中"Pure"的意思就是"自"和"他"生成以前最原始的状态……不属于我，也不属于你。这种经验就是"纯粹经验"，或者可以称其为"中间智慧"。最初因有主客未分离的"利他"经验，而产生了之后的"主观"或"客观"。

Michael Polanyi 的"无形认知"，在"自己"和"他人"、"主"和"客"分离的状态以前，也是"融入对方之中"。这确实是主客未分，与西田哲学里的一样。

我想，恐怕这也是西田几多郎之所以说"纯粹经验"即是主体和个体一体化的终极就是"爱"的缘故。

最近，这方面运用比较明显的就属医院的经营。有认知症的患者不会说话，他们有无形认知，但没有将自身变成有形认知的能力。这时，如果我们无法触及患者无意识的无形认知，则无法对其进行看护。因此"护理"主题便成了研究的对象。介护的本质，就是变成对方，也就是常说的"利他"。

如何触及对方都无意识的无形认知呢？除了做到身体上的共振、共鸣、共感以外，别无他法。将自己的身体，置于患者的角度。如果对方动的话，这边也动。如果对方说了什么的话，不是去分析他们的话，而是自己也跟着说些什么。持续这种状态的话，就会慢慢感受到无形认知。因为所处环境而能将其转变为有形认知的研究最近非常的兴起。

"护理"本质就是通过支援对方的自我实现，来做到自己自身的一种自我实现。现在，如果这一环节中，两个人分开了，自己也就无法做到一个自我实现。因为这种关系性，"护理"概念也逐渐被从多方面研究。

与关系性相连的无形认知

所谓的（无形认知）"care" "love" "trust" 或 "safety" 关系性是本质相联。这个指的并不仅仅是人与人之间的关系，还有和自然的关系。生态学家最近非常主张"与自然一体"。

不管怎样，如果不分开"主体"和"客体"，就无法进行"分析"。欧美的强项不仅仅停留于主观分析，还将其对象化，用不掺杂主观意识的客观语言来检证和预测。笛卡儿主张："我们首先将主观和客观分离，在这个基础上再用科学让主观和客观相一致。"

话说日本传统，像西洋传统一样，不仅仅使用科学的语言去分析有形认知，还需要使用身体的智慧去做到共振、共鸣、共感。真正的互利和利他，在没有超越语言的智慧使整个身体达到共鸣的话是毫无反应的。

为什么我们要强调无形认知。通常我们在握手时也能感受到些许共感。所谓的"融入对方"就是能在身体中做到共振、共鸣、共感，从而将主体和客体一体化，我想在日本将此作为真理推广的想法非常强烈。

同时，我们持续与对方的利他达到共感、共鸣、共振，在两个人之间存在的也就是共有的经验值。在转为"利他"的时候，就能感受到（超越了自己）新感觉，抓住这种感觉的本质，使自己超越自己的"经验"，便是所谓的"语言"有形认知的强悍之处。如果没有做到这步，那就无法做到"组织的价值"。从某种意义上来说，"智慧的共有"可存在于某个狭小的范围之内。

重复 5 遍 "为什么"

"诗人"不断地揣摩语言，使之与本质相关联。其追求"本质是什么"的概念化能力就是科学方式的厉害之处。丰田有个非常典型的无形认知体系，同时又和有形认知共立。丰田总强调将"为什么"重复 5 遍。丰田的大野耐一说："将事物最终对象化，并认真分析。在这么多的原因中一定会有真因的存在，那就是我们说的本质。我们总是要求做 5 遍，是因为这是从原因中寻找真因的方式。"

为什么是"5 遍"？因为按照过往经验，丰田得出 5 遍左右就应该恰到好处的结论。这也是一种经验总结、经验规则。如果"为什么"没有重复 5 遍的话，就会问："之后怎么样了？""在哪里停"的判断基准在于领导者构想力的大小。例如，对个别具体的事情"库存在哪？"说"为什么、为什么、为什么、为什么、为什么……"最终联想到的就是"背后一定有交易"。这就是本质。能看到"背后一定有交易"是领导出于"关系性"产生的理解。根据环境考虑，也是因为有着如果没有扩大生产设计流程便无法使用的洞察力。

另一个比较有趣的现象是，在追究本田的本质时，一到"谁的责任"和"个人的失败"时便会停止。这是因为追究"人的失败"不是讨论的方式，探讨本身需要大家开心愉快，才能追究本质。

在"利他"的基础上超越矛盾对立

"卓见"的第五条是什么时候将概念及理念变为现实。这就像马基雅维里所说的那样，理解善的同时也必须理解恶。改革实际上也是政治的主题。稻田和夫先生也说过，想要在纠缠中超越对立项就必须具备激情这种勇气。当然，也有超越"辩证法中的矛盾对立项"的方法，那就是做到"利他"的共享。也就是说，超越被称为"自己"和"他人"的这一对立项，必须放入一个"NO"的否定，这就是辩证法。对于一件事，我认为是这样，但对方认为是那样。这时候，提出"因此这么做怎么样"就是所谓的"正，反，合"。

包括丰田公司、本田公司等，日本的企业对辩证法都有两种做法。一种是彻底否定对立项。但最终都是不完全否定也不完全妥协。在认同"我和你都有这样一个方面"的同时，又共享和"又怎么样"相比关系性更上一层的想法及经验，以此做到最终的"果然还是这样"。这个过程非常的辛苦，有时也会存在善恶的纠葛。这就属"难度辩证法"。

另一种是头脑风暴（brainstorming）那样认可对方所说的所有话。在认可的过程中，逐渐发现大的关系性，也就是全体中的一个自我认识。这大概就是矢崎先生所说的"全体最适"吧。要达到全体最适，除了用彻底的自我否定的对话（难度辩证法）来达到之外，还有全部认可部分和全体的关系性来实现一个自我认识，以此来达到全体最适。这个我们称为"糅合辩证法"。

无形认知的共享从对话开始

使用什么辩证法，应该根据环境、关系等的不同而不同。拥有优秀政治才能的人，一定就拥有当场阅读关系性及当场决断的判断力。理论与实践的平衡也是这样，如果和无形认知同性质的话，不管用哪种方式，都不会含有创造性的想象。就像盛和塾，许多持有不同无形认知、各式各样的人相互往来，通过对话会逐渐发现当中隐藏的巨大关系性。

实际上欧美的一些杰出人物，都在各式各样的修罗场里历练过，他们来回于各种不同性质的工作之间。进展顺利的时候，工资就高，能够在相似的组织中从容翻滚。日本组织存在的一个问题，就是无法断言日本领导者的无形认知高过欧美领导者。所以，我认为像盛和塾那样能超越公司的框架，将无形认知共享的场所，在日本应该更多地开展。

卓见的教育非常难。我们现在是以经验和范本为基础去进行的，但应该反省的是，商业学校太过倾斜于欧美的有形认知。取得 Ph. D（博士）的人往往都做过许多的事例研究，因为事例研究就像个假想的体验，可以锻炼出自己各式各样的卓见。然而其中有许多是没有"经验"的人去做事例分析，真正有经验的教官往往都会这样回答问题："这种场合的话有这样的解答，但是以我的经验来看，更应该是那样的。"如果没有类似这样的教官，就不会有良好的范本出现。

听说盛和塾的"经营原点 12 条"里写了许多非常好的内容。它的第一项就是"光明正大地设立高目标"。盛和塾的稻盛私塾长设立了想为国民提供更便宜的通行料金系统的高目标，从而成立了 DDI。我认为这就是所谓的共、通、善。

"勇气"和"同情心"很重要

野中郁次郎："善"的话怎么解释都有可能。什么是"善"，这也因人而异。三井物产之前有过"没有发出叮当声的人便不是物产人"的时代。枪田松莹就提出了"好工作"的主题。什么是好工作，这也是每个人的主观问题。唯一能知道的就是认为有"绝对的好"。如果不是这样的话，即使是相对主义，也如 Post-modern 那样"不管做什么都是浪费"。

但是枪田先生却说："一定有真善美。只是可能无法达到，我们唯一能做的就是那些日常发霉的议论。"不同性质的同仁从他们各自的主观意识中，想方设法寻找"普遍性"。方式就是"对话"和"实践"。也许会需要很多时间，但一层一层去想的话，就应该可以从主观中慢慢接近所谓的"什么是好的"中的"普遍性"。

依照科学语言，比起"将主观变为客观"这一说法，"从各式的主观中探寻客观"显得更实际。那个时候，需要的就是共有体验，共振、共鸣、共有和爱。

另一个是"实践"。不坚持到最后不会知道结果。而在实践中，需要"勇气"和"同情心"两者，我想我应该不用再说太多了。不管怎样，牢记"对话"、"实践"和"理想"。围绕这些努力追求，其他的就没什么了。

矢崎胜彦：那时捕捉"关系性"不是更好吗？

野中郁次郎：如果不捕捉到更大的关系性，就无法超越矛盾。等一会儿矢崎先生或许将说些非常重要的事情。我觉得找到"答案"会非常难，不过我还是准备了一些。

矢崎胜彦：第一个问题是，从硕学里听说"所有的思想都是以'人间观'为前提"。假设如果真是这样，那对于今后的经营思想，我们应该抱有什么样的"人间观"呢？

野中郁次郎：针对人间观，我无法像矢崎先生说的那么深入。我沉迷于怀海德（Whitehead）的缘由之一，是因为他用"事"捕捉到了世界。事指的是 event。物是 thing。人类并不是单纯的物。怀海德说人类就是无休止的"改变"，就是"becoming"的存在。

从今往后，假设大家都有些许改变，就能证明"人类就有如 becoming 的存在"。但是，如果没有什么变化的话，也许也会成为"being"。

无形认知是生存的智慧

野中郁次郎：世界与其说是物理的存在，不如说是精神层面的程序组成的世界。有些人这么认为，估计是因为他们觉得人本身会持续下去（像程序一样）。然而我们终究只是一个一个孤立的人，自己只是自己。与其说是有形认知的集合体，不如说是经验的集合体。怀海德（Whitehead）将这一观点总结为：人类的本质是行动的统一体。无形认知是生存的智慧。所以，虽然每个人都不一样，但是我们拥有共同的生活体验，以无形认知为媒介我们能够超越自己。即使我们的肉体会灭亡，我们的精神却能在社会中延续下去。

以此可总结出这样一种人类观：所谓的人类，就是个人的实际的生活经验的主体。

同时，经验是以一定的速度流动、持续下去的。即使个体灭亡了，所得的经验却可以汇集成集体的智慧，并不断地丰富整个社会的智慧。从这个意义上说，朝着共、通、善的目标磨砺自己的生活经验，这么做的目的是让更广泛的人群能够继承这些无形认知。

矢崎胜彦：您提到了海德格尔的"原本的时间"。我认为这是在告诫我们不要从"原本的自己"的状态颓落到"非原本的自己"的状态。如果非要将这个和怀特·海德的观点结合起来的话，我们可以总结出"为原本的自己而活"和"经验的集合体的人类观"。

野中郁次郎：这两者确实是可以结合起来的。主体观和人类都不是以物的形式存在的，而是以"变化"的形式存在的。为"变化"，需将超越时间性的生存方式和究极保持一致。

应扬弃学习做人的学问

矢崎胜彦：在这对刚刚稻田先生提起的"头重脚轻"的一段话做个整理。"将有形认知作为一种知识学习"和"将无形认知作为一种经验价值来学习"还是存在区别的。现在对"学习"一词的理解有些许混乱。原本是指主体和主观上的学习做人的学问，如今却被认为是学习"存在"目的的客观知识。但这种观点是错误的，"学习"的本意，是通过学习自身当中不断形成的无形认知和自己的经验价值，从而产生新的有形认知。能完成这一过程的只有人类，我想这就是先生想要说的吧。

野中郁次郎：幸亏有你的指点，我也懂了。西洋柏拉图以来的客观主义、科学主义的原点是"知识是由神所创造、所给予、是可使用的状态"，不是自己的东西。但是，我们自己却并不这么认为。知识是自己在推动世界时所创造的。如果把知识当成是作为理论和概念等被给予的东西，那就必须分类分析。之后，便会变成像 GM 一样的演绎，和数学一样。

但是，知识是以我们自己的生存方式为媒介朝着未来而创造的。要注意，如果只是这个归纳法的话，就会导致"改善"，"跳跃性"也就变得非常必要了。而"跳跃性"的起端便是"共通善"。

无主动的主体和内发的公共性

矢崎胜彦：西田三大弟子中的久松真一先生将日本的"无"称为"无主动的主体"。如果我们将西洋中的"神"置于事外的话，就只是"无被动的主体"，也就无法明白只从身中涌出来的主体性。但是若持有"被动的主体"这一概念的话，就是世界感受到为世为人的主体性作为内发的德行被主动地表现出来。我想将这种主动的内发性，作为"内发的公共性"与大家一起分享。

野中郁次郎：这个说法太好了，正好是对自己的一个内外交流。"outside-in"是"神"给予的东西。但现实因"想法"而实现。

在实现 inside-out 时，必须不断精辟你的语言。根据经验说"上"，马上就说"明白"，大家就都成了"长岛①"了。因此，我认为我们应从柏拉图中学习的是面向真善美的"言语化"。

矢崎胜彦：您是说让每个人都成为像先生女儿那样的诗人？获诺贝尔文学奖的爱尔兰诗人叶芝是英文学者，他有一句被称为英文学史上最好的名言："与他人争斗产生佳句，与自我斗争产生诗"。我很赞同这个说法。在欧美也应该有人知道，叶芝既是政治

---

① 日本著名棒球手。

家又是诗人，所以他能从他人生的复杂经历和个人的无形认知中很好地发现有形认知，并穿越时空的限制将它传递给我们。因此，我坚信我们也能够和欧美人交流、共事。一个人若是没有无形认知和经验，当然是不能明白的；反之，则一定能够明白。

将无形认知转化为有形认知的过程就是个实实在在的内外交流的过程。然而，在明治维新近代化之后，我们意识到了自己认知的落后性，于是不断地寻求吸收外部的知识，技术领域也是一样的。可以说，近代化的历史就是外向型——即由外向内为主流的历史。

与此相反，顺从自己良心的自发的公共性，立足于利他的无形认知，就必须发挥无主体的、具有干劲和方向性作为本来的自我。这对我们以后的经营来说是非常重要的。

野中郁次郎：我完全赞同。

矢崎胜彦：我认为我们有必要将困扰我们的东西一个一个地整理出来。如前所述，所有的思想都是以人类观为前提的，我赞同这个观点。从这个角度出发，可以说，如今这个世界的混乱就是由思想的混乱引起的，归根结底是因为人类观的混乱。换句话说，是人类观的混乱导致了思想的混乱。

我在东京大学出版社出版的《公共哲学》（第 10 卷）的卷末中以"一位企业家的公共哲学"为题写过一篇特别文章。在那篇文章中，我以我切身的体验为立足点，通过我自己的体验以"作为内发的公共性扩大体验积聚人的觉悟和实践"为主题描述了企业家的观点。

此外还有一个与我自身真实实践相关的故事。就是为"开启内发公共性的人心改革"在中国四川凉山所进行的活动，基本都是以我的经验价值为中心，以某个农村的小故事为线索写的《信赖农园物语》，这篇文章意外地在中国的哲学家中获得了非常高的评价。他们甚至认为这篇文章里包含了公共哲学的实践。

说起现在的近代化，存在一个很大的问题——每个人所持有的良心和良知等深层次的人性根源严重匮乏。

我出生于1942年。正好是"近代的超克"① 问世的那年。战后，我的小学生时代，有一次上课时需要向对方说自己的名字。我叫"胜彦"，名字的寓意很清楚，父亲是为了希望先前的战争能够取得胜利，而为我取了这个名字。但可惜的是，在我3岁的时候，那场战争以失败告终。所以在被要求向对方介绍自己的名字时，我说不出口，那次的懊恼也一直伴随我到现在。

我的弟弟是在1955年父亲复员后所生，所以引用和平的和来命名为"和彦"。小时候，我在欺负弟弟的时候总是在父亲面前笑着说："你的名字叫起来真难听。"

其实，名字的变化，代表了世界的混乱，在非常重要的时刻，出现了必须留意的转折点。

明治以后的日本趋向近代化，为富国强兵兴产殖业，结果导致太平洋战争，且成为"近代超克"的会合点。我们现在的思想为什么无法超越近代呢？是因为如果仅在近代的知识体系中对此进行讨论的话，就无法从更人的知识体系中重新探寻这一问题的

---

① 由《文学界》杂志所提出的有关与欧美列强的战争，京都学派将其置于文明冲突的座谈会。

本质。

在我看来，近代化以前的实际生活和古典中都存在那种所谓的世界，因此一览中国和日本的古典时，就可发现在江户时代就已经拥有了如此丰富的思想。例如，江户时代，朝鲜通信使的到来，带来了朝鲜最先进儒学中"实心实学"的道学。通过这件事情可以看出，从"脱亚入欧"（福泽渝吉提倡的）这一理论提出后，开始确立科学技术志向的"实用实学"，使知识与实践的方向变得很奇怪。

由内向外的创造性经营

我们总是站在后发的认知上，从而流失了过多的近代化志向。因此由内向外——重新审视自己的人生观和经验价值就变得十分重要。如果重新审视自己的经营和人生的话，拿野中先生所说的话题——大家就能很干脆利落地进入。在这方面，一定要请先生再深入地谈论。即使那些被称为"为人类的经济学"，如果只是学习些由外向内的知识或技术，那也无法理解"为人类"的真正含义。

我曾拜读过《内发性的发展论》（1989 年，东京大学出版会刊）。因为想要在大阪的合宿期间学习探讨，因此打了电话说："我认为先生写的内发性的发展论是以内发性的人生观为题材的。"先生很惊讶："哦，你居然可以将我的书读得这么深入。"

我曾担任过机关志的编辑，因此在编辑会也对此做过介绍和推荐，并且请先生来大阪的合宿地，针对"为人类的经济学和内发性的公共性"这一议题做了访谈。但是，在访谈中却完全未谈及内发的公共性和"人生观"。由于没有时间谈人生观的话题，所以最后将时间做了半年的调整，委托先生为机关志写一篇人生观。

可是半年后，"人生观"始终都没有完结。我猜测，也许是因为先生一直都沉迷于研究当今经济学的学术系统的原因。后来，我在东京集会所听到了那位先生关于"内发的公共性"的演讲。当时，其他人针对先生所谈的内发性发展论纷纷表示："你所说的不就是自产自销的模式吗？"

这样的理解太浅薄了，以内发性的"人生观"为题材，由内向外持续发展的经营模式进行下去，即使现阶段已经能实现所谓的自产自销，但最终还是会希望以内发性发展论的模式进行展开的。

作为一位企业家，以我的经验来看，如果对所谓"内发的公共性发达体验"持有自觉和实践的话，那谈论起来的话应该就非常有兴趣了。我曾经认为"在外界将经济活动和经营作为客观学问来看的话，始终都有界限"。但野中先生说从现在开始"由内向外"，却为我增添了不少勇气。由此可见，那建立在由内向外基础上的，内发性发展的经济学所建立的文明模式，不就能超越所谓的近代化的"我执化"文明吗？

"不做持续发展" 便是最大的罪行

矢崎胜彦：我现在与大阪的经营伙伴们共同认识到的要点之一是，我们对于可持续发展没有什么太大的作为。

接替我们未来的下一代认为，"不做持续发展"的无意识便是最大的罪行。作为一个人，一个企业家，能否将应用于自身的，对内发公共性的应答能力，演变成对可持续发展的应答能力，对于我们来说，这非常重要。

野中郁次郎：原来是这样。

矢崎胜彦：鹤见先生在《内发性发展论》中指出，近代文明最先起于英国，随后传入美国和法国，最终传入德国。也就是说外发模式在后发国能用到更多廉价的劳动力。因此，后发国也就逐渐发展起来。（当今的日本）国家及地方能力的消沉也就是因为这个原因。因此，虽然"外发模式"可以促进短暂性的繁荣，但从长远来看，确实会因为后发国家的廉价劳动力而出现消沉。

野中郁次郎："内发性的发展模式"会怎么样呢？鹤见先生在书中，有"中国的费孝通"一说，也有日本的柳田国男先生对中国社会的内发性发展模式的实际研究。虽然在中国的某个省，对食品的制造方法有着世袭制，但如果对"先人"不尊重的话，也无法继承技术。

在此，"原材料"非常重要，农业、人际关系、地域社会等也都非常重要。依靠着人与人之间感恩、感谢、报恩等的为人方式，从经营方式至技术传承，都持续着世袭制。因此，谁都不会想着对外开放。

但是，在其他的省市中，经由香港，从外来的技术、资本、人，到第二代第三代的时候都出现了逆流现象，优秀的年轻人都不愿待在家乡。

在我的印象当中，"内发性的发展模式"在近代化以前的日本，深受人们的支持。近代以后，因大家都偏向于外发性的机械论模式，使得内发性发展良好的"人们的良心发达体验"这样的关键，也因外在的物质发展而丧失了关注，使得人们忽视了人的内在的发展。

我们总是试着将经济学固有的方式，通过无人间观的"经济学"体系，使其更论理化。

鹤见先生直到患病也一直谈论着"社会学"的体系。之后我给鹤见先生写了一封信，信中说："先生的内发性发展论，并不只是单纯的社会学体系，而是人间观的问题。"

包含"创造"和"学习"的 SECI 模式

矢崎胜彦：鹤见先生自从身体不适后，便开始了和歌与舞蹈。晚年的鹤见先生的对话辑录中，有本名为《内发性的心理指导》，由"患者学推荐"的书。

内容是与心理指导界的第一人上田敏先生一同围绕自律患者为话题的对谈录，读后非常感动。国际心理学会的会长上田敏先生向鹤见先生提出了共有内发性目标的期望："你从很年轻的时候就去美国留学，英文应该非常厉害。希望你能够在自己举办的国际心理学会上穿着和服坐在轮椅上用英语演讲"。

鹤见先生接受这样的期望后，干劲涌上心头。据说他在床上穿和服练习了轮椅上的演讲，不过最后好像还是没能成功，但因此事推进了内发的目标而逐渐康复。

我一直懊悔自己没能在国际心理学会上成功做出演讲，就对他发出邀请："鹤见先生，我负责召集听众，届时请您一定就内发性的人间观进行演讲。"后来，终于在樱花盛开的季节于国立京都国际会馆举行了演讲会。在当天鹤见先生的演讲会上，鹤见俊辅夫妇坐在最前排，他们感慨道："今天定是姐姐生命中最重要的一天"。

演讲结束后，鹤见俊辅来到了休息室，赞赏道："从小到现在，我一直都在听姐姐的话，但今天是最棒的一次。在此之前姐姐总是在编辑别人的话。但这次，全都是自己体验过的内发性的话，站在一个内发性人的角度谈论内发性的社会学。"

"外发性"和"内发性"的重要组成，不是停留在社会学和经济学等一部分学术的模式里。

如果内发性发展模式能够作为人间观、经营观、经济观和社会观，等于大家共有的话，不仅能促进相互间的"人间性"，也能使经营、经济和地域社会变得更好。对于这点，我想听听野中先生的看法。

野中郁次郎：我认为这与之前《日经 business》中所写的基本相同。可能我想的并不像矢崎先生想的那么深入，但基本就是"创造"和"学习"两部分。我们的模式就是"创造理论"，以前有的是"学习理论"。不管是学习还是创造，其共同点都是"丰富知识网"。

但所谓的学习，估计就是将由神创造的、且处于可利用状态下的知识转变为自己知识的过程。同时，这也是一种由外向内的过程。在这一过程中，一定会存在一些其他人——最典型的就是"教师"。也就是说，期间会有着各种各样的技术工具。以这些为媒介，将外部的东西转变为自己内部的东西。这就是所谓的学习。

与此相对的"由内向外"指的是，首先自己拥有一个主观的"想法"，从这将自己的无形认知转向外部的能动形式。不管是由内向外还是由外向内，这两者之间都存在根本的差异。

但是，事实上 SECI 模式就在试着将两者放在一起。学习，就是将客观的知识转变为自己的知识。另外，创造就是从自己究竟想做什么的内发性的理想开始。也就是说，知识原来并不是被给予的，而是通过自己主动与对象相互作用得出的。这即是"由内向外"。

"知识创造论"中含有的是哲学。想以什么样的方式生存？为什么而存在？什么是所谓的"真理"？在存在论和认识论中所有的问题探求就是哲学。

"学习理论"相对来说更为科学。正如巴甫洛夫做的"狗的条件反射实验"的结果一样，全部可以进行科学的分析。但是，巴甫洛夫犬的内容却是个黑箱子。输入之后便能输出，这正是内外交流。

此外，知识创造理论是从思考开始的内外交流的模式，这个过程就是对生活方式的追求。学习理论与知识创造理论的区别就在于，前者是一门科学，而后者则是哲学。

创造一个高度共通善的社会

野中郁次郎：将刚刚矢崎先生的发言联系起来，我们发现另一个更为重要的是共通善这一思想。一方面，到底由谁来决定"美好生活"的内容？其实这正是自己所属的那个社会的卓越性的标准，类似的常识会不断地积累起来。

我们是由内向外输出的个体，这其中的"对外"部分为我们的社会做出了贡献。与此同时，我们的社会也在确立美好生活的标准。我们每个人在为社会做贡献的同时，我们社会的其他成员也在一同成长。"由内向外"和"由外向内"呈螺旋状来回交替共同成长。

"学习"是由外向内的模式，然而，其实并没有什么方法能够由内到外。依照亚里士多德式的共通善的思想，我也是社会共同体里的一员。

例如京瓷（Kyocera）株式会社的价值观、芬理希梦（Felissi-mo）株式会社①的价值观都比呈现出的价值观更强大。总体说来，这些都是社团派，即所谓的共同体。

另一方面，个体自由主义者认为每个人都是不一样的。共同

---

① 位于兵库县的大型通信公司。

体主义与个体自由主义的论争从未中断过。有人认为达成共通善的标准是有必要的，另一部分人认为，每个人的价值观都是不一样的，没有必要达成这样的标准。"这不就变得更加闭塞了吗？"这是个人自由主义者对共同体主义者的批判，而共同体主义者则反驳说："并不是这样的，我们考虑创造一个更为开放的共同体。这样一来，我们的社会也会不断地扩大。"

然而，当我们对公众做一些有益的事情的时候，社会共同体的内容也会受到影响。如果我们每个人能够超越卓越的标准，那么社会共同体的卓越标准也会不断提高。这正是螺旋式上升的具体体现。所以，从根本上说，我们其实是开放的共同体主义。

个人自由主义者认为，每个人的价值观都不一样，根本没有必要将公共利益也牵扯进来。如此一来就很容易否定那些绝对正确的价值观。个人自由主义者认为："所有的价值观都是相对的，每个人都是不一样的个体。"

另外，所有现在称之为科学的结论最初也是由假设开始，以"客观"为目标，经过不断的实验、检测才最终确定的。假设的提出主观性的活动，我们认为这是一个抽象的过程。在科学里面是不会问"为什么这个假说能够成立"这样的问题的。但是，我们会思考一个人的生活方式。法国的笛卡儿曾经说过"我思故我在"，如果非要深究的话，这是种完完全全的个人主义。然而，有趣的是，不论是否使用科学的方法，我们都能够主客观一致地去思考问题。

其实在我们日本哲学中可能也包含了西田哲学，"在对方的当中让对象一体化"的说法比"根据科学的方法使之客观化"的说法更接近真相。并且这是通过"经验"而非"分析"而得出来的，这是我所认为的区别。

每个人的价值不一样，确实很特殊。如何从这种特殊性过渡到普遍性这正是内外交流的具体体现。由内向外输出时便有最初的普遍性，这与消极的生活方式很相像。这种生活方式的基本观点是，神灵已经将所有的知识创造出来了。从我们出生开始就已经具备了认识的能力。所以，我们只需要从记忆中想起就行了。

矢崎胜彦：这就是好心吗？

野中郁次郎：与其说是良心不如说是记忆。每个人的内心都有神灵所看不到的东西。所以，伊曼努尔·康德说："我们的内心随着时间和空间的推移能够慢慢地被认识。"然而，单有记忆是不能有新创造的。昨天在电视上有人做过这样的讨论：所谓的创造，是否只是简单地回忆过去的知识？对于上了年纪的人来说，只要给他们一些勾起回忆的工具，那么知识便会不断地涌现出来。不过，这些本就是已经被知道的东西。

和自己心中的神（良心）的对话

矢崎胜彦：今后我们一定要将今天所讨论的内容继续深化下去。一神教将神排除在外，所以，无论何时何地人类对于神灵来说都是被动的存在，就连苏格拉底也承认自己是无知的。针对这一点，就像先前所说的，我非常留意久松真一先作为"东洋性无"，称在我们东洋人里存在着"无能动主体"的概念。在我们的内部"无能动主体"，即"神"或"佛"。如果这样的话，那所谓的由内向外，就是与自身中的"神"对话来提高自身。

野中郁次郎：可以这么说。

矢崎胜彦：积累共通善，使由内向外成螺旋式上升。另外，这是我们大阪的私塾生在高野山的合宿体验期间直接请教高野山大学校长，现412世座主松长有庆先生的词句"大欲清净"。其内容出自理趣经，就是让最澄和空海不和的有名经书。在高野山的时候，每天都念着这样的经。

前些日子，天台座主去高野山，就是为了去化解两位大师之间因借经书和不借经书引起的失和。

一般的寺院都是"小欲知足"。但是高野山的山上却是截然不同的"大欲清净"。我询问一下那所谓的"清净"，好像是指将自己与他人融为一体的意思。这样的话，那单单的"强烈欲望"就是区别自己与他人的一个相对水准。在没有相比较的事物下达到绝对水准的"大欲"后，才开始扩大宇宙的空间轴。用时间轴来表述的话，就是从将来时代到能倒计时的逆推时间段。反过来说就是人类趋向神佛，并做到共同生存。企业家若听了"大欲清净"一词的话，必然会拥有非常多的勇气。"小欲知足"的话，不管怎样都会有种"不能做"的感觉。

我听了野中先生关于共通善的话题后，不管怎样，作为共通善，我首先给自己设定了一个"绝对大欲"的大目标。如果不那样做的话，人在自我提升的过程中就会经常遇到挫折。且会引起全体的利益是否是一个人利益总体的争议。

但是，勉强将"绝对大欲望"作为共通善来例举的话，（因为能够超越对方的水准）就不用一次又一次地判断。起码大家都想"朝着那边走"。根据每次的判断，不断地倒计时。为了能"分析"，"由内向外"就变得非常扣人心弦。

对"共通善"来说，"绝对的大欲"是一个怎样的存在？神的概念就是"无能动主体"与"无受动主体"的区别，内部主体性80%的本源都会改变。

对于前面所提到电视讨论中的"想起"，克尔凯郭尔（Kierkegaard）提出了"重新接受"的概念。说起"想起"，便一定会牵起过去的事物。特别是企业家容易被牵起过去的意志决定，由此引起想要预测未来的想法。

可如果是用先生的过程理论来教"展开未来"的话，一定会意识到自己的意志决定被过去所牵制了。

欧美也同样出现了未来志向的概念，我们也有必要一切朝前，并肯定的重新接受未来志向。对此我们要怎样去考虑呢？

如果将"共通善"置于"大欲清净"之后的话又会怎样？

这时最好的做法就是"朝着绝对的善"

野中郁次郎： "贤虑"最担心的就是那所谓的"每次"吧。每次都是在短暂中判断，而每次的前后逻辑性都不一样。要做到"每次最善"的同时要求"共通善"，不得不承认，即使这样也无法保证能成为"绝对的善"。所以感觉非常的冒险。

但是，在不断的反馈当中，都必须把每次的智慧，做到最大限度的由内向外。这就能成为一种经过模式。

然而，假设矢崎先生所说的在"绝对的大欲"中有着绝对的真实，能不能减少对靠近绝对善的构想？

矢崎胜彦： 我反倒不这么认为。（大欲清净的）"大欲"即使与过去所描述的自己不同，也能变换为比这更大的大欲。这样说的话，就是边验证假设边生存。

从反面来说的话，每次都有判断的风险，也许会趋向一个视野狭窄的方向。但是如果将"大欲清净"假定为假设时，不就会成为实践知识背后的假设吗？

野中郁次郎： 但是，如果说起这样的"大欲"的话，那么不管怎样，其演绎性应该会变得更强。

矢崎胜彦： 确实那样有风险性。

野中郁次郎： 因为实践知识是一种常识性的，所以会有着各式各样的糅合演绎。不是每次都受到局限性的影响，依情况修正才是所谓的生存之道。

同时也并不是相对主义，而是"绝对的真实"。但不能100%保证一定能成为绝对的真实。

因此，我们最终也只是叹为观止。

这和通常的增量归纳法不同，是一种跳跃式的归纳法。这种场合，对于大欲的理解就很容易了。

矢崎胜彦：我十分理解这样的批判。但是，如果不想着理解"绝对的大欲"，就会产生"众生自秘"的结局，一般人非常容易陷入这样的困境。

真言密教其实是开放式的，却因为许多人都没有读懂这些，而使之成了秘密，也就是"众生自秘"。如果没有将自己的精神境界提高的话，原本应该能看见的也会变得看不见。也就是说，是自己让自己看不清前方。

大多数人都会是这样。德国哲学家海德格尔说的就是不依照自己的想法生活。即"以大欲清净为着眼点，生成绝对的大欲"。这个观点也是在高野山上，由松长有庆先生亲自教授的，听后深有同感。

严格地说，像西洋那样将神置于外部受动地生存，还是像东洋那样将神置于内部能动地生存，这两者之间有着根本的区别。

以东洋哲学为基准，传向世界

野中郁次郎："实践知识"基本是能动的。柏拉图认为在绝对普遍的世界里存在这些。这就是形而上的哲学。

但亚里士多德却认为"真实"存在于"现实"之中。因此亚里士多德与柏拉图的想法是对立的，这就是实践哲学中所谓的行动。因此，尤为重要的，就是在每次的行动中都需朝着"普遍的职人道"和"无限的卓越的追求"努力。

但问题是，亚里士多德最后以柏拉图所说的"沉思默考"为媒介时，只做到了形而上的绝对普遍，而未能做到一个身体认知。虽然一直都称真实存在于现实的行动中，最终都会像柏拉图所说的，将"熟虑"置于实践行动上。

亚里士多德是哲学家，最终都会这么说。这就犹如"睿智"一样。我们并不是哲学家，但这里最重要的就是将"熟虑"和"行动"并立，即行为中的熟虑。而不是关于行为的熟虑。

如果我这样说了的话，哲学家必然会认为是"没有的事"，当然也确实是这样。因此，与其说是睿智，不如说是实践的智慧。

如果不理会实践的意义，而直取"睿智"的话，可能就会与柏拉图接近，最后牵引出对形而上的绝对认知的联想。

最后说些关于"中庸"的话。我一直尊崇亚里士多德的思想，佛教哲学中也提及过"中庸"。中国的孔子和老子都认同"万物流转"。因此，我们之前所探讨过的"贤虑"也与中国古典有着联系。

随着国际化的推进，佛教哲学上也存在着逻辑上的难处。希腊的哲学家们一直都在推敲着所谓的逻辑。亚里士多德的实践知识与东洋哲学有着非常相似之处。我们在向世界发信的时候，如果使用东洋哲学用语的话就非常困难。不过，这并不代表不可能。

必须得有人去研究这个"共通项"。现如今，是由中国文学系的人在研究这些，但应该没有矢崎胜彦先生研究得深入，因为总是很难达到佛教这一块……

因此，我对此无法回答。但，对于这样的研究，我认为还是非常有必要去认真做的。

以东洋哲学为基准的向世界发信的"公共哲学论"相对来说还比较少。

矢崎胜彦： 嗯，我也这么认为。在此，我们立志发展以东亚能动的人间观为基准的公共哲学。

野中郁次郎： 这个提案非常有意义，我也认为这点非常重要。

重视哲学的中国

矢崎胜彦：之前，在中国出版了《公共哲学》的翻译版，第一期全 10 卷（日本语版：2002 年，东京大学出版会刊）。在出版纪念座谈会上，人民大学哲学院的院长对此给予了非常高的评价说："这就是历史的结晶。"

野中郁次郎：这个我知道。

矢崎胜彦：其他的哲学家们都指出："对中国的学术界来说是一件非常重大的事件，从东亚开始开启新的历史。"

野中郁次郎：有趣的是，哲学的老师很多都是中国党校的。

矢崎胜彦：嗯，我也感觉到了。

野中郁次郎：这种现象在日本应该不会出现。这次，富士通会有 7 个人来自中国，其中 2 个人是哲学教授，他们是中国人民大学和北京大学的哲学教授。

矢崎胜彦：在重点大学里一定会有"哲学院"。

野中郁次郎：从某种意义上来说是喜欢形而上学。著有《实践论》和《矛盾论》的毛泽东也属半个哲学家了。

这样的话，也就必须得有人去架这个桥了。我想做这些，可惜现阶段还在探讨希腊哲学和西洋哲学。"默契"也是博兰尼（Polanyi）的哲学。我能说的最多也就是"西田对笛卡儿"。

焦点是人类的良心

矢崎胜彦：我坚持"内发的公共性发达体验积极人"的性善说的说法，现在的人间观自体没有成为可持续发展的事物，而是成为了以"我执化"为前提的性恶说的前提。

社会全体的秩序被单方面的接受，作为以由宪法保障的作为基本人权的良心自由和思想自由来维持的性恶说为前提的人间观。首先，法律就是这样的。

野中郁次郎：大家都是这样。

矢崎胜彦：在公开的讨论会上讨论公共哲学时，当司仪金泰昌先生询问（日本的）法学教师们"你们有良心吗"时，在场的所有人都沉默了。之所以有法律是因为人类会做些不好的事。

为了让大家能更容易理解，我举了个"酒驾"的例子。我以前总是喝非常多的酒，不过现在已经戒了很多年了。在此之前，因为非常在意酒驾这个问题，所以饮酒后，一般不会开车，而是坐车回家。戒酒后，这种纠结也就跟着没有了。

如今能以法律取缔那些不好的事，比如"酒驾"，但却不能令驾驶员们戒酒，这是国家公共政策的界限。然而以自身的良心为判断基准、行动基准的公共性回复可以说才是正道。

因此，政治家与官僚等对那些方面的反应非常强烈，从而制定了对国家整体来说代价高昂的政策，最终导致国民生产力的低下。

例如由姐齿事件（2005 年，日本的国土交通省揭发了姐齿秀次透过对建筑物的抗震强度偷工减料，使建筑物的质量出现问题。他的一级建筑师执照亦在 2005 年 12 月 7 日被国土交通省吊销。姐齿秀次在 2006 年 4 月 26 日被逮捕。）引发的官制萧条的建筑物构造强化问题，过期或含毒饺子事件引发的食品问题等也在致使国家生产力低下的同时，将人带入了误区。

任何事物都有正反两方面，若能在平衡两者的前提下制定出公共政策就好了。如果只制定处罚政策，则会导致国民生产力的低下，使公共政策的制定受到阻碍。

野中郁次郎：怀海德认为这非常的稀奇。总之"过程就是现实"，那个过程就是面向于有限的创造性中的一种构想。

在克莱蒙大学里有过程神学这一课程，教学的是位名叫 John 的教授，他指出："过程就是朝着创造性的方向前进"。

有趣的是，如果站在"过程哲学"的立场上，神作为超级人物存在于外部，并不是我们不能触及的。"神与我们共存。在前行的过程中，指引我们去创造"。怀海德认为这样的过程神学是存在的。

"成为一体"人间观和经营观

矢崎胜彦：现在谈到这个"一体"，先生将"成为一体"的人间观和经营观共有，让我有了非常大的勇气。"现在"一直缺少的东西，如今不断地共同朝着未来，扩展未来。"共同的人间观"和"共同的经营观"非常重要。

野中郁次郎：不断地"成为一体"便是共存。

矢崎胜彦：其实那是最重要的一点，可以帮助度过现在的混乱。如果"成为一体"，那迄今为止的那些反目、对立都将不复存在，有的只会是相互间的对话、互应及目的共有。相互之间开拓更新的着眼点。网络效果和合作效果都会变得非常有力。

野中郁次郎：所以刚才所说的"自由主义者对共和主义者"，也就是由个人转变为共同体。

过去有过"Gesellschaft 对 Gemeinschaft"① 的议论，基本上也是相似的问题。

如果将因交流的展开而形成的多重场合称为"网络"的话，总感觉有点机械化。"人与人之间的联系"是一种相互浸透性。

---

① 出自德国社会学家斐迪南·滕尼斯所著的《Gemeinschaft und Gesellschaft》一书。德文 Gemeinschaft 和 Gesellschaft 可分别译为社会、共同体，也有人译为传统社会、现代社会。编者注。

没有以身体为媒介的话，则无法相互浸透。

矢崎胜彦：对企业构造合作体制也有影响吧。

野中郁次郎：嗯，确实。

矢崎胜彦：人与人之间的善……还有没有更为积极的说法？无形认知的公共活动……

野中郁次郎：如果说成网络的话，就非常的机械化。"相互浸透性"会怎样？那时的存在论又会是怎样？

我明白"有形认知的网络"，但不明白无形认知的公共活动究竟是什么。如果不明白这些的话，那作为存在论就无法相互浸透。存在论在脱离无形认知的前提下是不可成立的。

SECI模式指的就是，最终将"想法"语言化，将语言形式化，从而明白个中真理，最后将其血肉化置于身体内。如果SECI没有完结，认识论就无法与存在论相联系在一起。如果只采用形式理论的话，就只会是认识论，最终引起什么才是逻辑上的真理之类的话题。

特别是伦理学里无存在论。即使理论上是正确的，也不会有"人类的存在"。

在西洋海德格尔、博兰尼、怀海德的存在论都相互联系着。追问人类的存在，"为什么生存"和经验的重要性（主观、想法、感情等的重要性）。如果没有想法那就无法真正理解什么是真理。

可想而知，那定会带来非常大的冲击。因为存在异端，所以可以说是主线。而这个主线便是笛卡儿。

奥巴马就任演说的 responsibility（应答能力）

矢崎胜彦：我非常想向先生请教关于"responsibility"的问题。日语辞典里将其译为"责任"，中文辞典里也将其译为了"责任"。举个例子，如果我们要做一个市场调研，从一位顾客那里得到了应答，而因应答所产生的费用就是一种所谓的责任。如此说来，那"responsibility"就可译为"应答能力"。

对于奥巴马总统的就任演说，日本媒体统称其为"新的责任时代"。我认为将其译为"责任"，还有所欠缺，于是自己也查了一下。但结果是一样的。从文脉来说，"new era of responsibility"应该被译为"新自由应答能力的时代"。60年前没能进入家乡的食堂工作，而如今却作为总统站在众人面前神圣地宣誓着。这就是美国自建国以来一直所看重的自由，如果将应答能力持续发展下去，对我们的后代也会有非常大的好处。

若将其译为"新的责任时代"，部分媒体则会说"像本道德教科书"。若将那场演说理解为"大家都在努力发挥对新自由的应答能力"，那从某种意义上来说不就能超越肯尼迪的著名演说了吗？"不要问国家能为你做什么，而要问你能为国家做什么"。

我每天都与大阪的企业家们共同做经营委员会。用"责任感"来形容经营的话，我们总会将义务与经营连在一起。现在得出了 CSR（企业的社会性责任）和 SRI（社会性责任投资）的概念。这里的责任，就是"尽可能的将其缩小"。原因是在日本，没有将其译为"应答"，而是译为了"责任"。

如果将经营比喻练就公共性能力的最佳场所，那么人都会变得非常积极，企业家和企业也会变得非常积极。比起所谓的 CSR 和 SRI，"公共性应答能力"更能唤起人类的良心。这不仅仅针对企业家们，对企业的兴旺也是有所好处的。

不管是 SRI 还是 CSR，这里的 R 都会是责任或义务。我对这点理解非常可惜。英语圈的人，都认为这是自己的时代，所以非常积极地去解决这个问题。这样"responsibility"就与本来的意思"应答能力"相吻合。

如果只局限于已经被译的意思当中，那么日本企业的经营将会与国际社会脱轨。应被译为"应答能力"的地方，却被错误地译为了"责任"。对于地球环境问题的认识也会带来非常大的变化。

我之所以会注意到这个问题，是因为之前在韩国，与韩国的财经界人士有过交流。在日本的话，绝对不会接受像这样的演讲，但因受到金泰昌先生的委托便接受了。那时演讲的题目为"现代社会中企业的公共性责任"。一看题目，就知道这是个围绕"企业恶性说"的话题。于是开玩笑地说"这是哪个爱整人的大学老师出的题吧！"

地方市长及道知事也来听了演讲。讲完后马上围到我身边来了。我演讲的题目只是将"责任"换成了"应答能力"，相对而言应该是非常容易理解的。如果像大学教师那样只会站在高处看的人们都会不知不觉地趋向错误的方向……作为教育者，最重要的就是引导人们及社会趋向正确的方向。

野中郁次郎： 或许是这样吧。说起"responsibility"，就觉得是单方面的责任。其实"反应"是个"关系性"的。也就是说是"关系性中存在的某种约束"……汤因比（Toynbee）在其的《历史研究》一书中说"文明的发展"就是"对来自历史挑战的对应"。两者之间有着相互的作用。

另一方面，学习理论的确是一种自动反应。对新的反应，果然还是需要在关系性中注入将他人事转变为自我事的这种"约束"。

这样的话，"在能动关系中的约束"或许就比"responsibility"更好。在"关系性""能动"和"主体"的时候，"约束"非常重要。

用最新的词来说的话，就是"care"。在"只有你"的关系性中，"care"就是一个非常重要的概念。看着优秀的领导人员，总会产生"只有你"的这种感觉吧。如果对方不在的话，那"care"就无法成立。因此，是属于关系性的概念。"义务"也是一样，与其说是孤立的概念，不如说是关系性的概念。与其说是"responsibility"不如说是"反应"，但在此注入"约束"也是非常重要的。

另一个是，所谓的"responsibility"的一个非常静的一面。"反应"需要某种意义上的决定。在面对挑战的反应背后，一定存在"约束"或"勇气"等问题。亚里士多德将勇气、节制、正义、有爱定为四德，有人认为最重要的是勇气。如果没有勇气，就不存在行动。所以说勇气就是所有德的根源，我认为这非常有趣。实践认知是"跳跃式的"联想法，但最终都归属于勇气。

矢崎胜彦： 那可以理解为是懦弱和粗暴之间的"飞跃式中庸"。

野中郁次郎： 嗯。所以"中庸"不会是妥协，而是独创的刚刚好，是最难的。日语中的"中庸"是"将两者相加后除二"的联想，但实际上不是这样的。真理存在于两极的某个地方。那个 just right 就是所谓的"中庸"，而在其背后一定有着其独创性，且负有一定的危险性。

将中国的古典分类，儒学作为四书之一，其中记载"中庸"为学问的"根源和极致"。古典中的"中庸"是说我们身边的"中庸"及以此为基准的"诚"。"诚为天道，将其变为诚，便是人道"。而身边的"中庸"作为这一高贵的品质，是以诚为准绳。这不只是作为一个日语词与大家共分享，而是能够体现生活态度的，至今依然存在的"中庸"的意思。东洋里的中庸为诚，西洋里的中庸是粗暴及懦弱间的"勇气"。

行动中思考的智慧型体育会系

野中郁次郎："智慧型体育会系"这个词，意思是在行动中思考。昨天，看了个电视节目，说俳句的极致就是"智慧型野蛮"。"野蛮"就是完全与对象融合。用言语来表达的话，将会是非常美丽而诗意的语句。这就是"智慧"。与对象融合为一体，这不是静心思考，而是"野蛮"。因此也可以说成是"智慧型野蛮"。

矢崎胜彦：对于"智慧型野蛮"，不是企业家的话就很难理解。

还有一点想请教先生的就是，关于"良心"。先生您认为我们该如何去捕捉这所谓的"良心"呢？我认为作为自己的源泉和驱动力，良心的觉醒体验是非常重要的。例如，鸠山首相在施政方针演讲中谈到自己在做选举游说时的经验（听到国民的贫困经历自己也是忍不住的难受）。这与奥巴马总统的就任演说相比，奥巴马从"黑人"开始谈弱者的经历，并以此作为发展对自由应答能力的机会来看，两者作为政治家的判断力和行动力完全不在一个层次。从自己出生起就面对歧视黑人的痛苦中成长的人的良心、领导能力的深邃和生命力是完全不同的。

我认为在由内向外，也就是内发的公共性原动力中，"良心"

有着非常深远的意义。用先生的话来说，就是"利他的无形认知"。要坚持做利他性的好，光靠一时的利他想法是无法长久的。例如，阪神大地震的时候，被称为日本公益元年。但之后志愿者都消失了，这是因为在大家的心底都没有所谓的良心的觉醒感觉作为驱动力，而单单只是将其作为一时的兴起，消磨时间或有钱人的娱乐等等。这一点，先生是怎么认为呢？

野中郁次郎："良心"与"利他"有着非常密切的关系。有"贤虑"① 的优秀的人，大多都是利他主义者。总是想着"为世界为人们"，毫无私利私欲。我认为无私利私欲是非常重要的。

"良心"和"诚"或许与英文里的"integrity"相似。"良心"是指 mind，有 body 和 mind，才能成为人的性质。

那就是"诚"吧。"用良心发誓"总是非常难的。

我看，良心还是不与身体性相伴的形式论。

---

① 务实的智慧。

马克思的利益定义

矢崎胜彦：作为对"良心"的一种看法，在塾长最近的著作中有篇名为《人类本质》，是与本三博先生的对谈集。本三先生还有一本著作《良心缔造健康》中指出，良心存在于人类的灵魂深处，不仅仅只是颗单纯的心，是人与世界与自己共存的——那个世界的心。可以将其称为个人性和社会性一致的"场所的心"。

良心必不可少的善的规范，是建立在神和创造神的前瞻性的、普遍性的、善的想法的基础之上，善的本质就在于帮助他人，维持社会和平，使人类的灵魂进化成长。将这个善的本质，与各个民族的生活习惯相协调并具体化，则可以使各个民族的人都感到幸福，使社会安定。

最后，我想说说我的第二个问题。就是，我们这些企业家总是在"无形认知"中呻吟着有关"利益"的概念问题。马克思将资本家对劳动价值支付后，劳动者生产的超越资本家支付的价值那部分定义为"剩余价值"。

这个剩余价值，可以说成是资本家对劳动者的榨取。受过这一熏陶的人，现在基本上都成为了官僚及政治家。也许在企业家当中也不乏存在一部分持有这种罪恶感的人。因为这个，所以我想让野中先生重新帮忙定义一下"利益"的概念。

野中郁次郎先生是日本公认的德鲁克①思想的后继人。我们这些在无形认知级别的企业家们，不管如何呻吟，如何叫嚣，社会都不会有任何变化。

但是，如果野中郁次郎先生将"利益"作为有形认知重新定义的话，那下一代的研究者定会将"利益"的概念推进。

并且，后世的学者们也会认为"如果是一桥的野中郁次郎先生所说，那就定有研究的价值"。为了将来的世代，务必请野中郁次郎先生对"利益"重新定义。

德鲁克先生也曾说过"未来成本"，是在"sustainable development"这一概念被提出之前。现如今，我们面临着巨大的地球环境问题。针对可持续发展的经营课题，包含环境问题，请先生对"利益"重新定义。

"利益"若被重新定义，我们这些企业家的心情都会非常的不一样。

现实中，为什么许多国家都利用金钱或精神鼓励来作为振兴景气的策略？

那是因为，企业内的"利益"效用不仅仅只是停留在企业内。"利益"是社会的第一源泉。

"利益"作为可持续发展的社会及世界的原动力，是非常重要的。

如果野中郁次郎先生对我之前提过的"人间观"和现在提的"利益观"有了解的话，务必请先生多多指教。

---

① 现代管理学之父。

野中郁次郎：对此我也是非常有同感。我认为利益就是"对可持续未来支付的费用"。

矢崎胜彦：作为国立大学的教师，很容易理解"可持续"。但，"可持续"不就是站在"现世代的延长上"看未来吗？

野中郁次郎：不是。

环境厅的"可持续"意译

矢崎胜彦：环境厅当时考虑到通产省，所以特意将"sustainable development"意译为"可持续"。

野中郁次郎：原来是这样。

矢崎胜彦：中村尚司教授认为，应该更积极地将"sustainable development"译为"永久性发展"。

野中郁次郎：我刚刚说的是，并非海德格尔哲学，是说"着眼于未来，持续积累可持续发展的成本"。如果没有这样一个"共同利益"（未来）作为目标，那么无论如何也做不到"为了未来主动努力"，那"企业理想"和"贤虑型领导力"也就无法实现。没有这些商业模式，只会是单纯分析性的、以谋利为目的的手法了。

矢崎胜彦：这个观点，从企业内模式来说的话，就是一种与社会共有的利益观。

野中郁次郎：正如您所说的那样。我们是实现"共同利益"的一员，是共同社会里的一员。如果不理解这样一个生态系统的话，那这个模式也就无法成立。如果不理解我们是为了创造更大关联的一员，成本费用是为了创造更大关联的费用，那就变成了单纯的谋利目的的商业模式了。

矢崎胜彦：我想企业家与员工难以共有的便是所谓的"利

益"观。与社会共有的"利益"观应该也是有的。请加上德鲁克的"未来成本"与"永久性发展"这层意思,对"利益"一词重新定义。

野中郁次郎:某种意义上,我们是在不停地调整知识,向世界提示"合理化成本"这样一种思维。这与"未来成本"的想法很接近。"知识基础上的战略论"是"未来创造"。如果这样,那创造未来的可持续性便是所谓的"利益"。因此,我认为"可持续"就是创造"未来"的"成本"。如果不这样理解"利益"的话,那"共同利益"的有机平衡就无法保持。实际上,"利益"的积极意义正在于此。现在(一般的经济学)战略论都是现在所有利益的最大化,而不是创造未来。"利益"是创造未来的成本,即"未来创造成本"。

矢崎胜彦:关于这个的定义,是否可以用先生的语言来表述呢?

野中郁次郎:的确利益可以说成是"创造永久性发展的未来的成本"。

矢崎胜彦:多亏您,让我们学到了具有历史性意义的一课。从您这样能改变世界经营学的专家这里学到了绝无仅有的、珍贵的一课,我一定活用并实践到今后的经营当中。非常感谢先生长时间的指导,我由衷感受了先生人格上的伟大。

野中郁次郎:我也常常去参加些演讲,但今天真的是非常开心!可以说今天很有效果,谈话中也感受到了共振、共鸣、共感。我也获得了能量。像这样能产生共鸣现象的情况并不多,大多数情况下只作为旁观者聆听。但是,今天讲授了很好的一课,我自己也有了点脱胎换骨的感觉。

关于罗杰·史密斯的回忆和 GM 的破产

给我最大冲击的是 GM 的破产。回想起来，我觉得 GM 的转折点应是财务出身的罗杰·史密斯就任 CEO。1986 年我在前往 GM 总部时会见过罗杰·史密斯，两个人进行了一个半小时的直接对话。

罗杰·史密斯开始了被称为"土星项目"的小型车开发计划以图击败日本车企。构想设立配置了机器人以实现完全自动化的未来工厂，为配合这个想法，GM 与丰田合营成立 NUMMI 工厂以吸收丰田的制造技术。同时 GM 还购买 EDS 等软件公司，成立数字汽车公司（Digital Automobile Company）。罗杰·史密斯说了很多伟大的构想，让我很受震撼。我想日本人的管理者是绝对说不出如此的宏伟话语。

但是，这些想法结果却没有付诸实施。每次 CEO 的更替都会带来各种美好的蓝图，但是却一点都没有实现。因此 GM 成了"Meyerner Company"（明天的公司），即"令人怀疑"的公司。

在我看来，罗杰·史密斯入主以来，GM 的管理阵势只不过是参考在竞争中取胜的已有的成功模式，并把由这些模式演绎而成的经济合理的理论作为"战略"。演绎是一种思考方法，它就像数学一样，不经过任何现实检验而创造理论调整式的命题，并将该命题应用于现实。

　　没有认真看清生存现实，并缺乏自己开拓全新未来的企业家思维，而是以击败竞争对手，即使牺牲员工利益也要创造出更多利益为目标的行为，终会导致失败。

美国式管理中的反省

美国的厉害之处，在于迅速的反省。美国有份《哈佛商业评论》（Harvard Business Review），这是和《华尔街日报》（The Wall Street Journal）齐名的一家媒体。这次金融危机以来，35 名著名的企业家、企业顾问、学者齐聚加利福尼亚进行了 3 天的讨论交流，在这份杂志上提出了今后管理上重要的 25 项建议。

下面说说这 25 项中的前 5 项。第一项是 management（管理）的目标应设定得高贵且有社会意义；第二项是在管理系统中必须融入沟通性和亲民性；第三项是管理应该超越简单的"How to"，重新构筑生物学、政治学、神学等哲学的基础；第四项是破坏阶层，消除金字塔式阶层的病理，让权力上下流动，培养领导而不是任命领导；第五项是减少恐怖，增加信赖。

这些在盛和塾的各位看来或许会觉得都是常识，都是理所应当的吧。第三项的教养（liberal arts）学习，大家也都是这么做的。

他们把这些叫做"moon shots for management"。这个说法是肯尼迪总统对"登月"这个伟大理想的比喻，但现行的华尔街式的资本主义一旦制度化，对他们来说或许是一个巨大的挑战。

欧美的主流认为，management（管理）是一种"科学"（science）。但是刚才提到的 20 人中的一位，亨利·明茨伯格（Henry Minzberg）就提出反对，认为"management（管理）是 craft（经验）和 art（直觉）和 science（分析）的混合体"。

我也是彼得·德鲁克学校（Peter Drucker school）的一名成员。德鲁克一直都说："管理既是科学又是艺术，而艺术的一面还要多一些。"

第三篇

天生我才必有用

胜己之友第 14 届（2013 年度）集训研讨会
第 10 次盛和塾（大阪）集中进修会

举办时间：2013 年 6 月 25 日

举办场所：广岛 WINSCORT 酒店

对　话　者：石川文康先生（东北学院大学教授）

石川文康先生简介

　　日本哲学家。被称之为康德研究的权威。在同志社大学研究生院完成了他的博士学位之后，留学海德堡大学和波恩大学，并在慕尼黑大学和特里尔大学做访问学者。日本康德协会会员。主要作品有《康德入门》（1995 年）、《良心论——哲学的尝试》（2001 年）、《接近死亡》（2002 年），主编《康德事典》（1997 年）。

小 结

我的专业领域是西方哲学，尤其是研究德国的康德（古典唯心主义创始人）哲学。康德之后出现了一个叫费希特的哲学家。很久以前就有"费希特哲学与唯心主义很相似"的说法，刚才听了太田久纪先生的讲话，有很多地方让我深有感触、茅塞顿开。先生的讲话内容非常丰富，有时间一定要和先生交流一下。

我是从仙台坐飞机来的。在飞机上坐了一个多小时到广岛下机，一路上并没有产生出门在外，和以往截然不同的感受，直到进了酒店才突然有所触动："到了另一个地方啊，很感谢叫我到了这样一个好地方"。再次感谢给我这样一个好机会。

我所说的并不仅仅是社交辞令，这种感受的萌发是有原因的：就在酒店旁边，立着一块石碑，石碑上展示了伊能忠敬①在三和町观测过的地点。

老实说，我最尊敬的日本研究者之一就是伊能忠敬。他的伊能图分为大中小图三幅，每当我感到气馁时，就到大学图书馆的地下室看大图勉励自己：既然有人能完成这样的大业，那么，只

---

① 伊能忠敬，日本江户时代的地图测绘家。伊能忠敬绘制了日本第一张全国地图——《大日本沿海屿地全图》。

要有想做的心，人应该什么事都能做到。伊能图就能让我拥有这样的勇气。

前天我在仙台市内的地图店买了伊能忠敬的中图（复刻版）。因为很重，所以对店员说了"下次来取"，还没运到家里。但仅仅过了两天，我就站在了伊能忠敬的观测纪念碑前，并且我随身携带的日晷怀表上已设好这个地点的纬度。我觉得这一定是某种巧合，并为此而激动不已。各位都是企业家，正在面临一个非常艰难的时代。而让我们能鼓起勇气迎接挑战，感觉自己"什么都能做到"的这样一个历史人物的纪念碑就在身旁，我希望大家一定要去看一看。

一把"良心"二字放在题目中，总有人以为这是在"装模作样"、"装好人"。我觉得这种判断是错误的，这种习惯更让我担心。为了不受到这样的误解，我觉得如果不正确解读或正确看清"良心"的意思，而只是换一种措辞的话，我担心我国（日本）就会停滞在近代时期的水平，所以我想先详细说明一下这一点。

欧洲的 "conscience" 指的就是 "共知" 的文化

矢崎胜彦：大部分人理解的"良心"并不是"知性"，而是"好的心、温暖的心"。大概很多人认为这是一种感觉作用，而我在这里想强调："良心就是高度的知性作用"。

拉丁语中的"conscientia"出自古希腊语的"syneidesis"。"syneidesis"是个合成语，可以分成"syn"和"eidesis"。这个"syn"就相当于拉丁语的"con"，"eidesis"相当于"scientia"，最后发展到英语中的"conscience"。所以这个"共知、同知"的意思在欧洲2000多年都保持稳定不变，直到今天。

"共知"这个概念在欧洲有着2000多年历史的西洋文化传统，而"良心"（好的心）这样一个日语译词则是一个具有破坏性的翻译。从"良心"的字表含义来看，其中完全透露不出"共知"的意义。能从"良心"推测得出"共知"的意义来吗？或者反过来，能从"共知"推断得出"良心"的意义来吗？不能。所以，不得不说，把"conscience"翻译成"良心"真是糟透了。

但是，从其以某种形式与善恶关联这意义上来说，"良心"这个译词大概可以说像擦边球，挨上了一点边。可既然要翻译，当然就希望能译出个好词来。到今天再来说这个翻译存在的问题已经是马后炮了，但像我这样的人有机会总想给大家解释一下："这个词本来的意思是这样的……"

"共知"（conscience）的文化，就我所见毫无疑问可追溯至2600～2700 年前。这样一来，这可说是"人类知识的历史"，与人类的学问、文化的历史基本重合。所以说，将"共知"这个词的意义妥善保管存留下来的，就是西洋文字的文化。

"共同"并不仅仅只是前置词、接头词、副词。也许你会认为不就是"共知"吗？它哪里体现出重要来了？"但这个"共同"的的确确是重要的。无论在拉丁语里，还是在德语、英语、法语、意大利语、俄语、荷兰语……无论在哪种语言里，都是将"共同"（一对一对应地）这一部分换为本国语言，原封不动地继承了意义。

如果正确地理解"conscience"为"共知"，就会出现一个重大的问题。也就是，到底"与谁共知？"这一问题。如果"conscience"即"好的心"（良心），就不可能出现这样一个问题了。

石川文康：我前面提到了"共知、同知"的意义是稳定不变的，但与谁共知呢？其对象并非稳定不变的，而是随时代、地域而变化发展的。大致来说，在人类史最初，"共知"的含义最朴素："与他人共知"。当这个"他人"是复数时，就成为了"与众共知"。今天矢崎胜彦先生使用了好几次"共有"这个词，说到与他人共有的"知识、智慧"的话，一般就会理解为是"常识"或"相通的感觉"吧。也可以认为是无论是谁在日常生活中都必需知晓的礼仪、知识等。

当人类开始认识这个世界，"共知"就成为了"与神共知"。这个"与神共知"从犹太教算起的话可以说已有数千年历史了。

按（基督教）公历来说就是 2000 年，这 2000 年是指欧洲延续至今的宗教时代，古希腊时代的欧洲不算在内，那时还没有沾染基督教的色彩。从中世纪初一个叫奥古斯丁的神学家开始，"与神共知"的意义变得非常浓厚。可以说在欧洲，只要是基督教延续的社会，即便到了今天，"与神共知"的理解可以说是根深蒂固。

接着我们谈到"与自我共知"。这并不是说共知是按照"与他人共知—与神共知—与自我共知"这个顺序来发展的。"与自我共知"这个概念在古代并非没有，但对现代的我们来说，"与自我共知"作为"自我认识"的一部分，变得越来越重要。

"与自我共知"是特殊的近代的"共知"概念的组成部分。

欧洲的历史大致可以分为古代、中世纪、近代。欧洲的近代从何时开始算起并不清晰，当然，大致应该是从文艺复兴时期算起。这个时期，以基督教为中心的世界认知开始受到威胁，而从宗教崇拜中解放出来的，原始的希腊精神、以自我为主体的意识增强的时代开始了，最清晰的代表性存在就是笛卡尔。

笛卡尔说："我思故我在"。我思考，所以我存在。从以"我"的存在为原理来看，以此作为近代的开端可以说没有问题。这个原理并不仅指哲学、学问。例如技术、有时甚至公共福利也是基于"我"的原理。

与此相呼应的另一个近代特征就是"与自我共知"。

"共知"的三部分含义，第一个是"与社会共知"、"与他人共知"，第二个是"与神共知"，第三个是"与自我共知"。可以说"共知"只有这三种可能性，而没有其它。所有的事物都可以还原为这三点。为什么是这三点，我在自己的书里有概述，本应写得更详细一点。语法上，人称只有第一人称、第二人称、第三人称三个。对"人称"提纯化、极限化、普遍化，就可以得到现在所说的三个存在项"与自我、与神、与他人"。我就是根据这个归纳原则得出的结论。

以上是我的开场白。因为这些比较重要所以显得有点长。按起承转合来说，起的头有点大。我喜爱的贝多芬的交响曲中，有一首奏鸣曲——降 E 大调第三交响曲《英雄交响曲》，这是在交响曲历史中带来变革的乐曲。一般的奏鸣曲，它的主题提示部、主题发展部、再现部、终结部是大体均等的。海顿、莫扎特的作品都是如此。但贝多芬的《英雄》主干的主题提示部比较长，其主题发展部特别长。将我的讲话与头大身长的贝多芬作品相比，似乎有点不自量力，但目的是一样的。

接下来，我想大概矢崎胜彦先生的本意，也是要我谈谈"与自我共知"的良心论吧。

那么，这个"自我"到底是什么呢？刚才我说了，"自由"就是"由自"（凭借自身而自立）的意思，这个"自"也就是"自己自身"。做副词性修饰时的"与自我一起"、"依靠自我"、"凭借自我"中的"自我"到底是什么呢？对"自我"的分析，也可以向刚才所说"唯识"的阿赖耶识①的方向深化。

要追究自我的意义，可能很容易就会想到以自我为中心的利己主义，但我认为这只是下意识的联想而已。

---

① 为佛法唯识学中的第八识，亦称初刹那识。唯识学主张一切万有皆缘起于阿赖耶识，为唯心论之一种。

堕落到到虫眼层次的媒体

矢崎胜彦：围绕"良心"（consicence，即共同认知）① 这一话题，在五年前的平成 17 年（2005）曾有幸聆听过石川文康老师的演讲。当时参与讨论的盛和塾（大阪）代表干事矢崎胜彦和石川老师于平成 22 年（2010）5 月 19 日，又在仙台市再次深入对话。这次谈话中作为盛和塾（大阪）的年轻企业家，加地太佑、桥爪敦哉、奥田良忠、山本恭司 4 人也一同出席，针对以"良心"为基础的自我观、企业经营、世界与日本的现在和未来等话题进行了探讨，在谈话中石川文康老师将其高深的见识用浅显的语言娓娓道来。

在我看来，即使真的像唯识的观点中所说的，一生当中一直进行"与私心的对决"。如果仅仅限于抑制自己的执拗化这种程度，那么人生就只能止步于自己内在的心灵次元，即私心的问题处理层面。"良心"是一种共同认知的"作为共同体一员的自我"的自觉意识，站在这个角度来讲，的确让我深刻体会到"积善之家必有余庆"这句话的意义。这想必就是石川老师所说的"共

---

① "コンシェンス"为外来语。来自英文的"conscience"，由"con"和"science"两词构成，"con"为"一起，共同"之意；"science"则来自拉丁语中的"scientia"，即"认知、知晓"之意。译者注。

知"吧。同感、共鸣这些现象也可说是良心的具体表现。

这样的话，从这种感觉出发的能动学习的主体性，才是时间轴上超越过去、超越现在并不断开创未来的源泉。并且从空间的角度上来说，超越场合层面（日本、亚洲、世界）可延伸至宇宙。即将超时空性的良心的作用具体化、实物化。而且，从人的角度上来说，能够让人感受到无限加深、提高并扩充本来的自我。把人格提高到这个境界，提高到东方古典思想中的"圣人"的领域。也就是说"道"的核心，就是"良心"这样一种共同认知的共同体的自我作用本身。

如果这样想的话，那么我们还是必须不时地将"良心"这样一种共同认知的行为本身，当做主干问题来进行推敲。因此，像人们一般所说的找一个"私心"和"良心"的平衡点，或者只是停留在进行对比、提问这种程度上的话，是无法不断提高并加深"良心"本身的作用的，我个人通过实际经验加深了这种认识。

我初次见到稻盛塾长①的时候，他第一句话就是"我作为一名企业家工作到现在，每天都在不断提高自己的理念"。我听到这句话的时候，发自肺腑地被他感动了，觉得这个人是位真正的企业家。我对这句话的理解是，如果把良心作为心灵的基础，之后再不断审视领会，并通过与他人的对话或自我对话来不断探索答案。那么个人信念自不必说，甚至连协动体理念也会每日不断向高层级进化。

一般情况下，我们只要一说到"理念"或者"哲学"，就老

————————

① 指稻盛和夫。译者注。

觉得必须得用某种生硬的表达来下个定义。但是，世界是时时刻刻都在变化的，当我们处于信念和理念僵化固定的这个层次时，"作为共同体一员的自我"将（良心）这种共同认知作为基轴去不断变革自身，才是"每天都不断提高自己的理念（不断审视过去又创造未来的生活方式）"这一说法中最重要最值得关注的地方。

作为一个人，要不断提高自己信念的层次和价值观。更进一步来说，我们在不自觉中进行的"行为"本身大部分流于过去的习惯，另外一部分则是因为外界刺激而产生冲动行为。然而我们应当持有超越这个层面的意识，把行为的价值取向更多地朝向未来。所以，我认为应当围绕拥有"良心"这种共同认知的"作为共同体一员的自我"，把良心作为判断标准和行动标准。

这样一来，打个比方，我们说五个 W 的问题（何时、何地、谁、做什么、如何做），只有全部围绕"良心"这个基轴来进行的时候，一边在各种不同的次元里实际感受（开放的持续的自我），一边生活下去，这样才正确。这是我最近才突然深刻认识到的所谓"良心累积效果"或者说积善效果。这就是所谓的将相互之间的良心累积效果（积善效果）作为共同体，如何去分享并互相培养的问题吧。

我切身感受到，我们在进行企业经营的时候，一讲到"哲学"这个词，最后总容易归结到个人修养论上去。虽说个人在自己的价值观中不断提升（人格）也很重要，但真正重要的是在（企业）这样一个共同体中，大家一道朝着基于良心的目标和大家共通的目的，每天不断进行实践。

　　石川文康：我们盛和塾曾和诸位同仁一道参与支援经营破产的 JAL（日本航空）。但是，最近的新闻报道当中并未将此事的意义从志向这个角度来理解，而是从虫眼层次（视角狭隘、鼠目寸光）的角度认为我们只是出于私利，他们就是从这样一个非常低层次的角度来理解的。虽然我们平日里也会将私人利益供给（例如航空里程兑换和休息室的使用这种类型的事情）视为问题，但我们盛和塾的企业家并非是以满足私利为目的来行事。在这个问题上，每天有 10 亿~20 亿日元被流失掉，而这些钱都是来自于日本国民沉重的税赋。对于这样一种如同自己流血一样的切身痛楚，塾长只得挺身而出。

　　打个比方说，就像我们赶到一个交通事故的现场，那里有还在不停流血的被害者，但那些官僚公务员和警察却不见身影。作为家人的 JAL 的员工们什么都做不了。人们赶到现场却束手无策。

　　对此稻盛塾长尚且以老朽之躯身先士卒。我们这些塾生自然不能坐视不管，也都自发地投身到救援活动当中去。5500 名企业家们（盛和塾生）先是每人为 JAL 发展 100 名乘客，先进行了"止血"。止血是眼前的首要目的，我想将这种行为称之为"空中救援队"，也可以说是那些想要改变历史的国民们一起创建了空中救援队。如果全日本的人们都能够参与到援助活动中来的话，这场运动必定会扩展开来，并被更广泛地理解和支持，最终依靠人民的力量，从而改变历史。

　　然而，一部分的宣传媒体，却是站在认为这些行为是出于极少数人追求私利的角度来看待问题的。但是，企业家们要自费乘坐飞机的话，无论花多少钱都能坐得起，没必要利用航空里程兑换这一方式。这种报道真是公私不分，夸大其词。即便我们是基于良心来对事物进行判断和做事，但对于那些只会从私心层面来看待问题的人来说，我们的所有行为都跳不出私心这样一个框架。因此，我也感悟到，今天的日本社会已经沦落到"攻击的公共性"和"防御的公共性"这样一个地步，而我们自身对于公共性的认识还是有局限性的。重要的是要超越这样一种局限于相互间立场的这种"攻击的公共性"和"防御的公共性"的次元，将我们的认识拓展到每个人"应当互相培养的公共性"这样一个次元上去。

超越路德的宗教改革的稻盛实学

石川文康：我们开始了援助 JAL 活动。当时我说过"稻盛实学已超越了路德的宗教改革"这样的话。路德的宗教改革起源是因为罗马天主教会的暴行引发了牧师的良心，他们和信徒们基于良心决意要向基督学习，分享基督的生活轨迹，将"信仰"、"圣经"和"万民祭司"作为旗帜，并将这种潮流扩展到整个欧洲，最终横渡到了新大陆美利坚，并成为了初期资本主义的精神。

与此相对的是，发源于日本和东亚的资本主义，它的未来蓝图应该是以人类善良的本性，即"诚乃天道，为诚，人道矣。"这样一种以人类的良心为基础的资本主义。

这种理念其实就是延续至今的日本文化精髓的一部分，私心重的人是无法看到处于深层次的人性善良的一面的。《菊与刀》的作者本尼迪克特说过："日本是一个连狗都为主人而忠实勤奋的奇怪社会。"抱有这种看法和立场，从低层次上的私心角度出发，是无法理解日本文化的博大精深的。日本人认为人是为了向天、地、人感恩和报恩而活，为了能报答自己所受的 1‰ 的恩惠而活着。

健全的天道体现为诚实的精神和人类的良心，现在不正是应该依靠这些来创建资本主义新文明新文化吗？"由良心与良心碰撞，互相发生良性连锁反应"的这种企业形象和前景，正是我非常想要与企业家们一道分享的。

我于 JAL 援助计划开始的翌日，拜访了在家中疗养的沟口雄三老师。我对他说："老师，我说了这样的话。"沟口老师说："这才是矢崎君啊。说得好。如果你用的是道德共同体这个词的话，那么会更容易让大家接受。从我长年研究的中国思想史来看，中国在历史上曾经经历过道德共同体的阶段。"

矢崎胜彦：沟口雄三老师认为，将"道德"按照"个人层面"来理解，还是按照"共同体层面"来理解，这是一个很大的区分点。比如欧洲，既是一个"权利共同体"，又是一个"道德共同体"，一般来说，这样的概念只会存在于宗教（基督教等天主宗教）社会当中。但是，现在我们在具体的民间企业——以职场或家庭为生活场所的范围内，进行实践活动，试图创造这种共同体。袁了凡受王阳明的影响，曾在中国组建村落共同体，倡导乡约运动（江南善举运动），建设道德共同体。我认为这两种行为性质相同。现在我们应该分享给大众的，是源于日本（东亚）社会的良心而发展出的资本主义出发点。感谢石川老师再次讲解《良心论》，希望能够与年轻人一起深入探讨，也希望这种探讨这种追求能够成为我们企业家的生活常态，更希望具体的实践能够一个一个地跨越时空传达给下一代人的良心，并与之发生共鸣。

良心论是企业经营的原动力

石川文康：确实如此，我写《良心论》这本书的定位也正如您所说的一样。实际上在写《良心论》的两年前左右，这本书的整体构思就已经做好了。当时，大学里的经营学部（两年前叫商学科）有一个人和我关系很好，他邀请我说："我们要不要一起出本书？"那个时候，他正在以康德论和良心论作为教材，指导学生做一个研究，研究题目是"经营学应该是这样的"。

我给他的回答是："我可做不来经营学。反正以后肯定还有其他机会可以一起出书的，到时候再一起想办法如何？"

我这么一说之后，他就拉来了研究物理学素粒子论的以及另一个有经济学背景的人，最后我们以"合著"的方式写出了一本"经营学"的书，而我在其中负责的，是《良心论》的第四章"良心的三法则"的概述部分。

在我看来，良心论不仅是与企业经营相关，而且与其原动力紧密相连。这个观点是我早已产生的切身感受。那本书估计现在还被某位作者当成教材在使用呢。

那本书我取的书名是《商务知识的盛宴》（学文社），是受柏拉图的《盛宴》而启发。所以，编者可以有像我一样的哲学人士，也可以有物理学者，各种背景的人聚集在一起互相探讨话题。

之所以在书名中冠以"商务"这个字眼，是因为我认为"哲学"不应当沦为纸上谈兵，而是要具有社会实用性。我在写的时候抱定了一个想法：就是良心论对于企业经营是十分有效的。因此，大家能够接受这个观点，符合了我写作的初衷，从这个意义上来说，我非常高兴。

书里面，其中一位作者在《祈祷的经营》这个部分当中举了乐清①的案例。而我个人就非常赞赏乐清和从事洗衣业务的白洋舍②这样的企业。所谓"祈祷的经营"并不代表一个特定的新兴宗教，而是源于个人信念的一种经营方式。

乐清和白洋舍的创业者共同之处就是拥有"清洁"这个理念，换言之就是打扫和洗涤这个社会，抱有这种想法来经营企业的人是不会做肮脏生意的。

我因为喜欢吃荞麦面条，所以经常会在荞麦面馆里说教。有家我常去吃午饭的店，有一天我走进去的时候，恰好有位乐清的人在。我说了上面我说的那个话题，然后他说："您说得对。其实我今早也是诵读了《般若心经》③后再出门到这儿来的。"他们在客人面前不露声色，看起来就和普通的商务人士别无二致，无论怎么看都和大家一样性格爽朗，给人一种整洁干净的印象。这种感觉不是表象，而是由内而外的。

商务经营在好的意义上来说，是从"宗教"或"超越利害得失的信念"出发的，用我的话来说就是从"良心"出发，这才能

---

① 日本公司，主营清洁用品租赁。
② 日本公司，主营洗衣连锁。
③ 将《般若经》的中心思想加以压缩、整理而成的经典。

够成为成功的范例。

当我还是学生的时候，听说在白洋舍没有工会。为什么呢？因为在白洋舍里，工人与雇主之间不是对立的，工人和雇主是一致的。当我听到这样的解释后想这真不错啊。也许人们认为拥有工会就是表明职工有社会地位，进行运动是权利也是义务。但我认为，真正理想的企业可以不用将工人和雇主区分对立，而是可以统一。最近我询问到过我家来做业务的白洋舍员工，现在他们那里仍然没有工会，但没有任何问题。这样看来，就算是不成文的（良心法则），只要够完善的话也就足够了。

《良心论》第五章"作为共同体的自我"当中，我说过和自己无非就是共同体的关系。我们一般容易认为多个自我才能够作为单位并构成共同体，但实际上单一的自我本身已经构成了"共同体"。首先我们要明确这个基础前提，然后在此基础上构筑人类社会共同体的提案。

矢崎胜彦：我每天都切身体会到"自己＝共同体"这种认识能够带来的、非常重要的自我变革。在这个基础上甚至可以说，我们企业家伙伴不能算是"共同体"，而是"协动体"，进一步讲是"协动态"。如果企业家仅把心封锁在自己的领域里，这样在一起产生的不是"共同"。只有能够包容理解弱者的立场，不停追求共同认知的行为才是良心本身应有的行为。石川老师刚才所说的作为有"共同认知"的"共同体的自我"，也就是所谓自我的本来就是共同体，对此我有切身体会，这是一个非常重要的概念。我们在公共哲学京都论坛的讨论当中没有使用"同"这个字，而用了"动"。进一步来讲，我认为用"共同体"这个词的话，容易让人理解为局限于封闭的团体内，仅指同伴范畴的含义。而一同工作的状态也就是不断开辟"协动态"。

石川文康：我认为是这样的。

矢崎胜彦：在您的书中写的"作为非共同共同体的良心"，我想这也不是"同"，而应该是作为"动"的良心吧……

石川文康：我完全赞同。如果可以的话我也想用"共动"这个词。谁都能够通过汉字的组合创造出新的词汇，但是我犹豫过，因为这并非是被日语国语辞典承认的正式日语词汇。我在其他地方也有两次使用过"协动"这样的字眼。总之我认为您刚才的说法没错。

空中救援队让日本和世界重生

矢崎胜彦：《论语》当中有"君子和而不同"，还有一句有"同"字的则是"小人同而不和"，从这点来看，用"同"很容易招来误解。所以我们宁愿用"动"字。我又进一步将"道德教育"中约束的词，尤其是原本自我就拥有的能动主体性（佛性）尝试着用"能动道德协动体"这样一个词来表述。我认为稻盛实学所推崇的共同体，提倡的是基于每个人的良心、能动的道德共同体这样一种社会构想。

企业被大众认为只是一个追求私人利益的集团。可是，实际上我们现在试图努力超越狭隘的私利，因此新创造了"能动道德共同体"这一概念。媒体却只将我们定位为"追求私利的集团"，所以做出的报道也都是歪曲事实的。

比方说"空中救援队"这样一个关键词，大家心中都会掠过一个想法，就是成为能够参与规划历史的、拥有能动生活方式的主体。我认为这种能动性是非常重要的。面对困难，有时我们会打退堂鼓，认为"那是不可能做到的"；或者因为自己至今所掌握的知识无法说明解决眼前的问题，而轻易否定自己好不容易才意识到的问题。这是导致我们所说的能动道德共同体难产的原因之一。

迄今为止，基于良心建立起来的能动道德共同体只在宗教世界才有。我认为我们想要追求的是在企业经营和经济活动这些实业的世界里，去实现这种共同体的可能性。

石川文康：确实像你所说的那样。我之所以给《良心论》这本书定下"对其哲学的尝试"这个副标题就是因为这个原因。良心的问题，不光是日本，欧洲社会也有。但是，欧洲的2/3到3/4都是通过神学、宗教的方式来进行尝试的，我试图要超越这种方式。

我在我写的书当中提出了一个问题，"我们与谁共同去认知呢？"第一是"与世人共同认知"；第二是"与神灵共同认知"；然后第三是地位最高的"与自己共同认知"。当然这其中也存在问题和危险性。

我曾经讲过一堂名为"与自我共同认知"的课。当中很重要的一点就是"更好地与自我共同认知"。那么，"更好地"应该如何来理解呢？"近代"存在很多的问题。例如，自我的确立、个人的确立、个人的独立和自律……尽管急于得出答案，但太过于无原则扩大则会导致产生很多弊害。

然而比起"近代"本身的弊害来，更加严重的是我们作为后人没有在康德（1724～1804）和笛卡尔（1596～1650）为我们铺设的基石上筑建起与之相应的房屋所带来的问题。

尽管如此，所谓的"后现代"等却错误地将这种"苦战"的状况看做是"败北"。事实上，要做到更好，就必须一边苦战一边前进。

关于"公共性"或"公共"为何物的问题？康德在当时的杂

志上刊载了一篇题为《何谓启蒙》的著名短篇论文。在该论文中他将"理性的公共目的使用"和"私人目的使用"分别进行了论述。他认为在积极推动"理性的公共使用"同时能够找到实现启蒙的道路，因而对其大力肯定。

可是实际上关于"公共的"和"私人的"这点上还存在着非常大的误解。比如，像政治家、大臣这样的"公职人员"，站在公职人员的立场上使用理性，康德就认为这是与"私人有关的"，即为"理性的私人使用"。

比如说站在国家"大臣"的立场上，那他就是一个"国家公职人员"，作为公职人员使用理性，是为了"国家利益"，而对于别国来说，这就成了"私利"。所以表面上看起来煞有介事的国家官员、校长、牧师等等，这些人站在公共立场上来使用理性，就是"私人目的的使用、自私的使用"。

与此相对的"公共目的的使用"，是指远离所有"立场"使用理性，这就是康德所说"作为学者"来使用理性。但这并非是为了抬高学者，这种行为是为了人间真理。像我这样的大学教师，有幸站在这样一个能够真正从公共角度上使用理性的立场。

反过来说，越是不处于所谓的有公众责任立场上的人，越能够为公共利益去使用理性。

从民众的角度概括历史

矢崎胜彦： 我觉得石川老师的《良心论》的核心之一就在于此。迄今为止，当权者们所看到的，实际上与"良心的公共目的使用"正好相反。针对这个问题，有位旅居加拿大叫做将棋面贵巳的学者就曾写过一本《反"暴君"思想史》（平凡社）。他将人类历史概括为：迄今为止的统治者都没有将良心作为判断标准和行为标准，从前的历史都是基于权力带来的私心的历史，而这与从人类的良心立场出发的历史是背道而驰的。

正如石川老师说的那样，"公共性"在非公职人员（无立场的庶民）看来是存在于每个人内心当中的。为了达到尽量让大家理解的目的，我和企业家朋友们说的时候用了"内发性公共利益人性发达"这样一种说法。我们在选择"企业家"这种（企业组织高层）立场的时候，确实非常容易陷入"自私"这样一种境地。也就是只能从组织利益分割的层面，从偏向本组织利益的角度来看待问题。

能够超越这种立场的是什么呢？是职员的立场和客人的立场，这些更加弱势的群体的立场，也就是人类的良心这样的观点出发，才是每个人良心在真正意义上发挥出作用。

这样一来，学校教育制度推崇的先知后行型（也就是把知识放在前，行动放在后）的知识分子得到尊敬，实践者从某种程度上讲被讨厌，这就是启蒙者们想要创造的理想。但是实际上恰恰与此相反，正是一些默默无闻的人们，基于良心进行实践，才确保了现在的社会秩序。我是从这样一个反面的假说出发，重新注意到超越自身立场，从人类的良心这个观点出发，感知世界的重要性的。

石川文康：确实是这样的。要是有机会，以这样的一个观点为基础，进行一次公共哲学讨论就好了。

矢崎胜彦：我明白了。对您所说的内容加深理解的同时，要是能够有幸探讨，再深入一点的话就更好了。

良心分与他人自身也不会减少

矢崎胜彦：我有幸看过石川老师演讲的录像，当中最能够打动我的是"给予他人知识但不会让自身的知识减少"这个观点。

法国的杰克·阿塔利曾经说过，如将杯中的水分与他人，则杯中的水会减少，但自己感知到的东西（睿智）和自己内在拥有的东西，即使分享给他人也丝毫不会减少。实际上良心也是如此，我觉得石川老师用的这个比方和他的表达非常相似。

石川老师说，良心是连接着他人与自身的。这种新价值观，感觉和我们现在的价值观有些许的不同之处。我们原来的价值观到了现在，逐渐变到了另一个（更低层次的）水平，而现在我们又试图使之回归到原先应有的状态去，难道不是这样么？

石川文康：是这样的。哲学当中，或多或少地要颠覆常识性或者既成的价值观和对事物的看法，这并非要颠覆社会。从这点上看，反过来说还存在这样一种情况，我们日常生活当中无论是从事哲学的人还是从事宗教的人，如果不按照先入为主的观念和大众价值观来做事的话，那么在日常生活中将寸步难行。

价值观的哥白尼运行论

石川文康：康德一直强调哥白尼运行论的重要性。这是非常有效的对事物的理解方式。但是，我们的感官越是正常地工作，越是觉得太阳是从东边升起又从西边落下。昨天如此，前天如此，10 年前 20 年前也是如此。我们固有的世界观都是认为"太阳是围绕着地球转的"。即便是到了地动说已成为常识的今天，表面上看来也还是这样。也就是说，常识或者大众的看法以及价值观当中，有很多东西只不过是"大家都错了所以就成了正确的"。这和"红灯的时候大家一起过马路的话也就不害怕了"是一样的。如果所有人都错了的话，那么"错误"也会被认作是"正确的东西"。

或许会有人反驳说，这样有什么不好呢？但是我要说，这样有很多不好的地方。比方说，我们原本是应该与其他个体紧密联系在一起的，但是在一般的平常世界里，在空间上拥有不同个身体，因此是完全不同的个体，这样一种极普通的看法是成立的。可是这只是表象，表象被当做了真理为大家所接受了。

矢崎胜彦：我前些日子听了石川老师的演讲之后，就想到了（以良心为基础的共同体）也就是自己的良心与他人的良心、与世人的良心发生共鸣所创造出来的世界，才是我们应该以此作为下一代人幸福的奋斗方向。这样的话，我们年轻一代企业家要和职工、顾客一道努力让新价值观成为其应有的样子，为了实现这个目标有没有什么近道可以抄呢？

石川文康：首先我认为不存在什么"近道"。一定会走弯路。有时候（作为结果来说）这也是必须的。我总是从分享词的定义和意义开始讲问题的。首先，从非本质的"道"的意义开始说。

为什么我们说可以给人理性或者理智呢？燕子能够瞄准100米外的虫子，然后直线冲过去。这是最短的路线（道）。但是，拥有理智的实体（人）会考虑"要到那最短的路线是哪条呢"，这就已经走了弯路。接着终于判断出"原来如此，这样走的话就好了"，此时才知道最短的路线。也就是说，经过考虑，然后作为其结果，最后知道了最短的路线，这就是理智（理性）。

而本能是会直接选择最短的路线。所有生物的本能都是如此。无浪费，高效率。在这点上，可以说拥有理智的实体（人）非常吃亏。因此，我们不被赋予了这种不彻底的理智，从原本的意义上说，就不是为了高效率，而是为了其他的更高层次的东西。

矢崎胜彦：也就是说我们把良心成为本能，并以之为基础的话，就能够找到最短的路径。

做让良心成为"本能"的教育

石川文康："良心"本身就是一种本能。但是，良心作为本能的时候，和其他的本能不同，它总是围绕着许多的障碍。因此，无法马上表现出来。良心作为一种本能，简而言之就是"与生俱来具备的东西"。当然也有反对这个看法的人。

或许有人会说，既然是与生俱来就具备的东西，那应该不用谁去教就能够表现出来的呀。这是因为"良心"这种本能和人类其他本能一样，一定要等到机会，或者时候到了才会表现出来，而且表现的方式也有所不同。

请试着把"本能"换做"天赋"来考虑。无论是怎样的天赋，如果没有让它展现出来的机会的话，那么也只能一直处于休眠状态。有时就这样一直被埋没了。

比方说，在美国，铃林一朗①被称为击球的天才。所谓"天才"，就是生来就具有的才能。但是要是世界上根本就不存在棒球的话，一朗就只不过是一个普通的人。良心也和这个一样，必须要有表现的机会或者条件。

矢崎胜彦：法官下达判决之后，会说"没有一丁点良心可言"，看起来有点像是吹毛求疵，这基本上是错误的。人的良心之

---

① 铃木一朗（1973~ ），日本著名棒球球星。译者注。

所以一直没有表现出来，是因为良心蒙上了一层角质，而导致无法表现出原有的机能。在某一时期，良心未能觉醒的话，就会和脚底的老茧一样发生角质化。

原本要是小跑着走路的话，脚底是最为敏感的，会感觉到痒。但是到了一定年龄的时候，根据情况，皮肤就会增厚，感觉也就渐渐麻痹了。我们与生俱来的能力（良心）也是同样，错过了某种条件、时期和机会的话，不仅会变成"没有"，甚至还有可能会发生角质化，而引发其他的不良后果。因此，为了要（让良心尽早地）表现出来，我认为还是需要通过（教育）。

"教育"也分为许多种。最近，社会上发生了一些让人心痛的事件。就此而言，我认为在玩耍的过程中碰到伤痛，才能够知道疼痛的感觉，这也是教育的一种方式。在某种意义上说，将失败、痛苦和糟糕的结果，这些都作为试验性的教育，也是有必要的。这和避难训练是一个道理。

也就是说只告诉他（她）"好的事情"（他人评价）并不是（真正的）"教育"，通过失败可以将学到的东西真正掌握。小时候的捣蛋鬼长大之后也能成为优秀的成年人，就是这么个道理。

我认识一个早熟的孩子。她觉得上学没意思，于是一直在家看书。可以上中学和高中，但却总是对此不屑一顾。于是我问她，"你想成为一个出色的大人么？"

"想。"

"那就先做个出色的孩子吧！要是一开头就当大人的话，那接下来就只能当老婆婆了。"

所谓"出色的孩子"，就是要像个孩子，做孩子该做的事情。小孩子会失败，也会做坏事。不经历这些，就无法成为出色的大人。

"以身作则"有很强的教育效果

矢崎胜彦：我希望能够建设一个让所有人的良心都能健康成长的社会。今天我坐电车来的仙台，我坐在位子上，然后来了一位老年人。我就起身让座并说道："您请坐这里"，让座之后我心里非常开心，这比被让座还要更加开心。因为我的良心在起作用，也就是说，原本自己就是处于愉悦的状态，而见此情景的旁人一定会（在感动之余，也因自己没有第一时间起身让座）感到自己的良心受到谴责吧。

石川文康：虽然有各种各样的教育方法，但我认为"以身作则"是非常有教育效果的。比起说"要这样做！""要像那样来做哟"这样的话来给出意见，倒不如什么都不说，通过自己的行动来说明什么是应该做的事情，我认为这个效果是非常大的。比方说电车上给老人让座这件事情，我们在肯定这种行为的基础上，给年轻人做出榜样才是更有效果的。

为什么会因为这样就开心了呢？答案用"良心"这一个词就够了。要注意，非常重要的是，我们在讲到良心的时候，经常用到"应当"这么个词。这就是康德学派所说的"道德法则"。"应当"经常被译成"义务"（应该做的事），原本是德语当中的助动词"Sollen①"。在前面加上动词就变为"做什么＋sollen"这样一个句型，表示应该做什么或者不应该做什么的意思。

所以我经常用波浪线（～），构成"理应做～"、"不应该做～"的句型来表示应该或者不该做的事情。"～"表示的是不定项，用任何词替换都可以成立。如果只能够一一对应使之成立的话，那就是一个算式了，也就是数字全部代入进去，才能够满足对等条件。例如"$y=ax^2$"所表示的这样，公式中如果不代入具体数字的话，那么无论代入什么都能够成立。

"应该"是命令形。我们听到"理应"的时候应当如何应对呢？比方说我们给孩子布置了暑假作业。暑假过了三周时间②，但作业还没有写完的话，就不能再不紧不慢地玩了。即使是玩也会带有愧疚的心情。其实这就是"理应"的波浪线所代表的内容没有做到的缘故。

"道德法则"的内容随时都会变化。根据人和场合会有所不同。"～理应"这样的一种命令的语气，说明命令的内容（～）还未能够被执行。这样一来就不能平静（心中无法安宁）。前面事例中说到的"心里很开心"，则是因为波浪线所代表的内容被执行，空白部分已经被填满的缘故。

---

① Sollen，德语，助动词，意为"当为、义务、责任"。译者注。
② 日本的暑假约为 40 天。译者注。

天启教的兄弟之争

矢崎胜彦：大家都觉得能够满足波浪线要求的社会是可能实现的吧。

石川文康：要说"可能"的话还是有这个可能性的吧。但像刚才说过的不存在什么最短路线。从 A 地点到 B 地点的距离是 100 米，也许（人类依靠理智）会绕远道才到达目的地。要实现这样一个社会所需要的时间与人类史是有关系的。或许有人说"不存在没有战争的时代"或者"这个世界不能缺少战争，所以想要消除战争也是徒劳的"，迄今为止的人类史充其量也不过数千年到 10000 多年。但是就算是这样，（还将继续延续下去的）人类史也绝不是这样的。

我在《康德是这样想的》（筑摩学艺文库）的"宗教也没有例外——莱辛＝门德尔松的普遍理性"（137～142 页）一章当中写过这些。如果有机会的话希望各位能够读一下。

比歌德早一个时代的文豪莱辛写过一个名为《智者纳坦》的戏剧作品。智者那坦的原型是歌德的偶像——哲学家门德尔松。他就是作曲家门德尔松的祖父。

《智者纳坦》的故事在广岛也曾有过。简单来说就是人类世界最顽固的争斗，就是假借宗教斗争之名的争斗。历史上来说犹太教、基督教和伊斯兰教这三个世界性天启宗教之间的争斗就属于此类。这三个宗教都出自同一部圣典（旧约圣经）。依我说的话，这不是普通的争斗，而是兄弟之争。兄弟之争一旦情况恶化的话，就会演变为骨肉相残。我觉得《智者纳坦》的故事的象征意义就在于此。

兄弟三人在法庭上争执，到底谁从父亲那里得到的戒指才是真的（争夺财产继承权）。据说拥有真戒指的人将会获得上帝和他人的喜爱。法官下达判决说："你们在为此争吵，那就证明你们的戒指不是真的。"法官又立刻说道："但是，你们的戒指都是你们的父亲亲自交到你们手中的，所以暂且都相信自己的戒指是真的。要是真戒指的话，就会获得人们和上帝的喜爱吧。你们比赛看看谁能够赢得喜爱吧。"

接着法官说："几千年之后如果能够发挥出戒指的力量的话，我会再一次把你们召唤到这里来的。"

应该重新审视"三方好合"理念

石川文康：或许会有人想："什么呀！那么久以后的事，现在努力有什么用呢？"正所谓"千里之行始于足下"。数千年之后能够实现，正是因为现在做了准备。如果现在不做准备，数千年、数万年之后都不会实现。

"数千年之后……"这种未知就是留给我们人类的"课题"。所谓课题，要究其根本的话，其实就是"命令"。无论是谁的命令，"理应（应该）"的波浪线不被填满的话，"理应"这个命令就没有得到完成。从前有人说过"哲学家或者说一部分宗教家的使命是……"（或许这话我也说过）但是我认为，只要是理性的实体（人），无论是谁，只要拥有理性，都必须力所能及地去完成这个课题。要说这个课题从何而来，这个"课题"的别名如果能够叫做"理念"的话，那这个课题就来源于理性。所谓理念就是"理性概念"的缩略语。

要完全实现课题，或许要等到数万年之后，但是应该把它当做现在就能实现一样来努力。就当做波浪线的内容现在就能完成一样，尽现在我们最大的努力去做，这样，我们的内心也会得到些许的安宁。

矢崎胜彦：这就是所谓的"志向"了吧。

石川文康：我认为可以这么说。志向是一种意志，意志就是为了某种目的做出行为的基础，目的是意志的对象。意志的对象又是从何而来？实际上就是来自于意志。

矢崎胜彦：这和良心有什么关系吗？

石川文康：当然是很有关系的。人有许多种的意志。如果是不好的意志的话，那么就会有不好的对象。因此意志与目的是相关联的。要用"包含与被包含"的关系来说的话，那它们之间的关系就是目的是被包含于意志的。

我总是用"投影"的表达方式叙述问题，这是因为目的是来自于意志的。这次我们反过来，通过投影出来的东西（目的）看到了意志，也就是其诱因。就是我们近来常说的"干劲、动力"。

没有目的的意志不能称之为意志，是毫无实质的。因此，意志必须要有选项才是意志。如若不然，那就无法像意志一样发挥作用，也没有必要让它发挥作用。因此只有当"A 或 B"、"ABC 的其中一个"这样的选项存在的时候，意志才能够发挥作用。即，总是有更好的选项和不好的选项存在。

矢崎胜彦：所以我们要借这个契机来满足一下波浪线代表的内容，要通过自己的实业经营，为将来的子孙创造一个理想的社会。

石川文康：鄙人才疏学浅，但我认为近江商人的理念应该重新审视一下了。三方好合理念是"卖方好、买方好、社会好"这样一种最单纯的构想。大家作为企业家都是专业人士，相比都有自己独特的思维方式吧。因此我想可能会有人说那（三方好合理念）是行不通的。

要卖方得益的话，就得要通过销售获得利益。这肯定是好的。可是，要让买的人也能够最大限度满意的话，简而言之就是"给予和索取"的关系了，因为这是一个支付同等价值（交换）的行为。然而，这个关系如果出现问题，交易"仅从卖方角度来看是好的，但从买方角度来看就不那么妙"的情况下，"这个交易就是失败的"，从长远眼光来看，商业本身就是无法成立的。因此，要真正从经营和商业的角度来看，其基础就是卖方满意，买方也同样满意，通过这样不断积累，整个社会也会变得更好。

经营的原则就是"提供优质的东西"

石川文康：我一直在研究荞麦面。出过《做荞麦面的哲学》（筑摩新书）和《荞麦面往生》（筑摩书房）这两本书。种植荞麦、磨面、擀面、调制汤汁这些步骤，我虽然没开过荞麦面馆，但讲到这些也并不陌生。出于帮助他人的目的，所以就有点越俎代庖了。

仙台市的人口超过100万，有许多的荞麦面馆。有这样的一个排名：选出最好的100家荞麦面馆，但不一定排名靠前的就好。有一家店，我要给予非常高的评价。如果要从我个人爱好来说的话，那家店不是仙台排名第一，至少也是第二的。可是去年这家店却没有入选前100名。地理位置不好，店看起来也没什么特别的，但我觉得那里的口味，毫无疑问是最棒的。后来我针对面汤里干制鲣鱼的问题，稍微提了一点建议，现在那家店已经是仙台市内第四的店了。说句玩笑话，排名前三的店估计是有托儿的？

我通过这个事例想说明一个什么问题呢？就是"经营的诀窍"最重要的就是"提供优质的东西"。我前面说过之前（近代的自律性良心的确立）的"苦战"还不能说是"败北"。实际上这种话我常常对做得一手好荞麦面，但却经营不善的人这么说。地利是无法逾越的，但只要能够做出好东西，坚持个三年五载，也许会比较难，可只要坚持下去，客人一定会接踵而至的。我现在还在全国范围内帮好几家荞麦面馆出谋划策。在京都市内也有很多家。既然我要帮他们，就必须要（提供优质的东西），这是一个大原则。

　　我也介绍一下做荞麦面条工具当中一些优质的产品吧。在京都的锦小路，有家名为"有次"的刀具店。我总说那里的荞麦面刀，是日本首屈一指的名刀。一般花上10万～20万日元才能买上一把名刀，但是那家店却以极为普通的价格出售。他们保持着源自战国时代①枪炮冶炼的②传统，工匠拥有敏锐的鉴识力和好手艺，对待工作一丝不苟，此外对菜刀也有很深的见解。他的菜刀理论，就好似被研磨锃亮的菜刀一般，充满了智慧。若是将这样的菜刀宣传出去，这一业界恐怕会更加进步吧。然后，拥有好的工具的人，其技艺自然也应该更上一层楼。

　　矢崎胜彦：我认为只有好的东西出现，才能够让这个世界变得更好。这与近江商人所说的"卖方好、买方好、社会好"不谋而合。世界上之所以会有商业（Commerce）就是因为这个缘故。"Commerce"一词源自拉丁语"Commercium"。缩写之后就变成了英文的"Commerce"了。

　　"Commercium"是"相互作用"和"共存"的意思。所谓"商业繁荣"就是"人与人通过物体媒介紧密联系在一起"。所以

---

　　① 公元1467～1615年，日本从应仁之乱到织田信长巩固统一天下的基础这段时期。译者注。

　　② 原文"鉄砲鍛冶"，指枪炮制作业及工匠。在日本，从室町时代到江户时代随着枪炮生产而发展起来，并有优秀技术传至后世。译者注。

"商业"绝不是一个整天说"赚钱了吗"① 的世界，也不是只有其中一方安闲度日，而是大家共同影响、共存的世界。

　　我在近十年以来一直都是这么想的。商业适当繁荣的国家、都市、城镇都各有幸福之处。伦理和道德都很稳定。反之则会存在偷盗和犯罪。

---

① 原文"儲かりまっか"，为大阪方言。用于商业伙伴打招呼和寒暄。译者注。

经济学并非与牛顿毫无关系

矢崎胜彦：从历史上来说，"经济学"是从伦理学当中分支出来的一门学科。亚当·斯密的《国富论》（1723～1790）就是如此。我认为有必要再次思考这个问题。伦理学是以"什么是善"或"实现善"作为课题的，小到个人和单位的善，大至国家的善，现在（现实当中发挥作用的）"国家"单位的善变得重要了。亚当·斯密也是将《国富论》当做伦理学书籍来撰写的。

关于这个话题，我想稍微深入一点，从哲学角度阐明一下。大概在17～18世纪左右的欧洲，出现了"世界是如何连接在一起的"这样一种看法（假说）。依照《旧约》的犹太教和基督教教义传统，人们普遍认为"是由神创造了世界"、"神将世界连接在了一起"。而牛顿（1642～1727）提出了万有引力定律，实际上（近代）经济学的"Commerce"（商业）与牛顿并非毫无关系。

牛顿的万有引力说认为物体之间无论相隔多远，实际上都是互相牵引着。我们将构成"世界"的"Element"（要素）用哲学表述为"实体"（Substance），实体是如何共存，为何在共存的同时，又进行相互作用，用物理学的表述方式就是"引力"。"世界上物体与物体有互相牵引的力量"，这是为什么呢？牛顿没有给出更进一步的答案。所以只得反过来定义为实体本身就具有这种力量。

那么推而广之到"人类社会"的话会怎样呢？人类社会是怎样连接在一起的呢？人类连接在一起是由于"べき（应该）"的关系。物质的世界不是由命令句构成的。只要说明物体是"连接在一起的、有关系的"就可以了。所以，万有引力定律不是命令句，只是一个"方程式"而已。

然而，人类世界为什么就是命令句（应该……）呢？因为这与"意志"有关。前面我们说过意志当中存在着选项。这个也可以选，那个也可以选，会有各种诱惑。而在这个过程中由于有"定律"的存在，最终就只得按照"理应（应该）"的命令句去做了。

总之，我们能够通过说明世界上相互独立的固体与固体、个人与个人是如何连接（联系）在一起的，人类创造出来的大小单位的社会（比如国家）是如何联系在一起的，解释"Commerce"（商业）的概念是在"Commercium"的基础上（与"理应"这种伦理紧密连接）形成的。用我的话来讲就是"以实物（商品）为媒介，人与人紧密联系在一起"。

如上所述，亚当·斯密创始的经济学是以宏大的哲学、神学和伦理学为背景的学科。因此在欧洲，商业、经济、物理、哲学和神学这些都是密切相关的。因为它们本就是同根同源的。

石川文康：是啊。这样的话，那就不要停留在更为狭窄的日语"体谅"这个词，而是直接说"爱"，这样对世界上会更有影响力。当然，从语言文化的角度考虑，或许不会得到您所期待的回答。

　　很多事情在日本国内的人看来是习以为常，但是从国外看日本的话，却感觉非常难以理解。这些年我把这个现象称为"加拉帕戈斯现象"，是对是错另当别论，我想这是我自己创造的词语，在别的场合也说这个词，拥有共同感觉的人也应该有的吧。

　　一般来说，加拉帕戈斯现象是指生物进化的一种现象。这本来是大量拥有泰晤士潘的现象。实际上文化上的加拉帕戈斯现象令人意外的在短短几十年就会发生。如果再加上某种教育或心理学的暗示，十几年就会发生。

　　我一直研究的是德国文化和哲学。不知不觉间，在这（推倒柏林墙事件）之前，关于歌德和康德的研究，明显是西德胜过了东德，新的解释和研究也是西德占压倒性的领导地位。

　　问一下东德人，在分隔东西德的柏林墙树立后还不到30年，东德处于一种锁国的状态。让我来说，高傲的德国人在失去尊严、失去一切的情况下，变得平心静气了。在含有某种意图的调教下，变得就像别的人种一样。我觉得这就是文化的加拉帕戈斯现象。

把"世界"矮小化成"世间"

矢崎胜彦：日本自古以来就被称为"岛国"。我厌恶这种泛泛而谈的说法，但是最近却觉得不得不这样概括现在的日本。英国也是岛国，但是当飞机飞到多佛海峡的正中间时，欧洲大陆和英国两边都可以看到。而今天的英国和欧洲大陆之间已经通了隧道，往来方便，英国自身也没有凭自己的意志选择完全孤立的状态。

但是日本却不一样，锁国政策采取了隔绝大陆的做法（尽管康德在《为了永远的和平》中将锁国政策称为"英明"政策）。日本与大陆之间，被日本海、东海分隔开来，海浪汹涌。鉴真和尚来到日本之前，就经历了数次海难。此外，还有"神风"那种东西。历史上，日本海和东海作为天然要塞，发挥着守卫日本的功能。因此，可以说文化和物资的交流，都没有频繁地、经常性地进入日本。

再从欧洲的角度来看看日本吧。这是很久以前的事了，有位在日本生活了几十年并在上智大学任教的德国人伊尔林·哈根，退休前后在德国出版了《呀——畔（日本）》一书。

在书的序文中说，日本这个国家，无论是看到的还是听到的，都与别的国家迥然不同。在日本长期生活的他，按道理应该是习惯并喜欢日本，但是对他来说，日本这个国家看上去依然还是一个特殊的国度，更何况那些只是通过大众媒体和照片、影像等渠道见识过日本的人。往好的说，就是日本是一个拥有独特文化的国家，往坏的说就是看不懂，感觉有时候仍被视为落后国家。

即使是有关语言的使用方法，具有日本独特含义的词汇为数众多，对于日本人来说是极为普通的说法，但在外国人看来就会反问"这是什么意思啊"，这种语言表达非常之多。

请石川先生就某个语言例子阐述一下。

石川文康："世间"这个词用英语怎么说？有学生回答说"世间"、"世间的人们"的意思，这个问题一下子变得多少有点混乱了。给学生一些提示后，终于有人回答"世界"了。确定是"世界"后，就没有其他词汇能够取代这个回答。

确实，在日本，"世界"和"世间"语感还是有些不一样的。但是，这或许也只是"不同的语感"而已。用"world"总括起来，也就不会有那样的问题了。日语中还有"世之中"一词，"世之中"也是"世界"。

详细解释的话，"世·间"就是"世之·中"。"世间"的"间"与"between"对应，"世之中"的"中"与"among"对应，概括地讲，这些表达意味着多人之间的关联性。也就是说，与其说世界史是以个体为单位的集合，还不如说这些单位织成的"关系"被当成了"世间"和"世之中"。

　　这个例子很好地表现了日语的细微之处。确实如此。但是这个例子从哲学意义上来看，本来"world"（世界）这个概念中包含了，所以作为语言的使用方法，我想"世界"并不会妨碍。

　　如果"体谅"换成"爱"会怎样呢？"love"是否更能让我产生好的感觉。如果有更好的想法就好了。

"良心"翻译自"conscience"

"良心"这个词，是日本文明开化时期的一个翻译词。今天我们心安理得地认为是日语原生词而使用着的很多词，原本不是日语，而是翻译词。有一些翻译得很好。其中一个就是"自由"这个词。

"自由"对应英语里的"freedom"、"liberty"，德语里的"freiheit"，这个词翻译得很妙。我经常问学生："为什么自由是由汉字的'自'和'由'构成？"最常见的回答就是："没想过"。实际上"自"就是"自己"，"由"就是"依靠、取决于"的意思。"自由"也就是"由自"（凭借自身而自立）之意。这和"自由任性"完全是两回事。

我们常用"自由伴随着责任"，来表示自由这个词的含义还意犹未尽。所谓"伴"，随后而来的总是性质不同的事物，但实际上，"自由"之中就包含了"责任"的概念。它们是互相包含的关系。所以"自由"这个词其实是非常严肃且严谨的，解读作"自律"也不为过。但很多时候，一个词一旦变得常用，其原有严谨的意义就不知道跑到哪里去了。"自由"于是发生了变化，希望大家能时常想起它本来的意义。

说到作为翻译词的"良心"，也就是"好的心"，我觉得这其实是不太恰当的。良心对应的欧洲语言里的原义是"共知、同知"的意思。这一点，在我的《良心论》（名古屋大学出版会刊）中详细地追溯了。说到"好的心"，也就让人容易产生"好坏"的价值判断，例如被译为"良心"的英语词"conscience"中，并没有价值判断的意思。除了"共知"这一意义以外，没有任何其他意思。因此，欧洲文化圈里的"conscience"与日语中的"良心"毫无共同之处。反过来，说"好的心"，即使是小学生也不用特别说明就能明白。如果"良心"这个词就以"好的心"的意义而通用，那么"conscience"其原本的语源——也就是它所包含的意境就都被抛弃而改头换面了。

"conscience"中的"con"是意为"共同"的接头词，"together with"的意思。去掉了"con"就变成"science"了。所以，慢慢读，就是"con·science"。译为"科学"的"science"是来自拉丁语中的"scientia"（知道、知识）这一词。所以，它的本意是一种高度的"知性作用"。

与自我内他①共知

一般人们在日常使用的语言是根据当时当地的情况而使用的。不过，深入地思考一下的话，就会发现日常惯用的语言常常与真相逆向而行。我们在日常生活中，很容易忽略这一点。而这其实就是"表象"，我们必须看透这个表象。为什么必须看透表象呢？因为，无论是宗教学也好，佛教也好，基督教也好，还是哲学和科学，都是首先通过梳理表象来探究（表象深处的）"真相"和"真理"，最终有所发现。例如哥白尼，在人类的历史中这种类似的行为反复发生，我就不再一一举例了。

"自我"真正成为可能，是否就要走向所谓"利己主义"呢？请大家思考一下。

从结论上来说，实际上"自我"一定是以"他人"为前提才可能存在的概念。如果以唯心主义的例子来对照，客观都只不过是主观的映像。同样的，别人看自己，（对方眼中的）自己也只不过对方的一个主观映像。"自我"与"他人"的关系有点类似这样的一种相对性的关系。

---

① 内我，内心里的另一个自我。

　　来看看"自动车"① 这个词。字表含义是："自己行动的车"。在英语中是"auto"，在德语中是"Auto"。大家都知道的"Autobahn"看上去也没什么，就是"汽车、道路"的意思，不过呢，其实是高速公路。

　　假设车身就是车。汽车是不是只靠车身就能自动行驶？绝对不会。首先必须加入燃料。从车身的立场来看的话，燃料就是"他物"。加满燃料了，这样汽车就自己动了吗？也不会动。即使是"全自动"的汽车，没有司机还是无法开动。司机对于汽车来说也是"他人"。像这样推论下去，某样事物的成立，总是以此事物以外的"他人（物）"为前提，只有处在这种关系之中，这个事物才能成立。

　　这里所说的"他人（物）"并非第一种意指"别人"、具有"社会"性质的"他"。简单地来说，这里的"他人（物）"只是指身体和身体之外，占据着空间的事物而已。在我的书中，把这种叫做"外在的他"。这个"外在的他"，就是我们日常所想到的他人。那么除了"外在的他"以外还有别的"他"吗？马上就会有这个问题。

　　第二种"他"是"神"，可以说是"绝对性的他"、"超然的他"。但好好思考一下，就会发现还有既非第一种也非第二种的，内在的"他"。也就是自我的内在的他。我想这可以叫做"自我内他"。自我的成立需要他人，有必要这么麻烦吗？有。其原因就在于人类特有的存在方式。

---

　　① 日语词，意为汽车。

自我内他的存在根据在哪里？简单来说，（人类）一方面是拥有身体的感性的存在。身体有五感。但另一方面"人类"也是有思维的。我们是横跨（身体和思维）两个领域的存在。在《良知物语》一书中有演示图，圆（人）的中间画了一条水平线。上半部分是思维的自我、理性的存在方式，下面是感性的自我、身体的存在方式。跨越这两者的是人的存在。

这两者互为"他者"。也就是从感性的自我来看，思维的、理性的自我就是他者。相反从理性的自我来看，感性的自我就是他者。但是，在受到重力支配的这个地球上，我们不得不依赖感性的存在方式。或者按唯心主义来说，就是必须在最初始的五感的领域中活动。

所以按感性的角度来看，思维的自我就可以说是"他者"。有了这个（他），才能完成图示的圆（人）。因此，为了自我能成为自我，需要"自我内他"。但是，现实中的人，并不会像这幅图一样干脆利落地分为正好两半。就像眼前送上来的咖啡，杯中的咖啡和牛奶融合。假设牛奶是感性，咖啡是理性。两者一旦混合，就不再是其中任何一个。但同时，原本作为咖啡和牛奶分别存在的两者，混在一起相互作用，才能出现醇和芳香的协同效应，进而成为一个整体。人类的存在方式也是这样，感性与理性彼此交融合二为一。

人是不稳定的存在，一不小心就会摔倒。因为人总是受到感性的影响，同时又受到重力的支配（思维的自我或感性的自我）。如果仅有一方是不会不稳定的。动物就是100%感性的、身体的存在，所以动物更稳定。我们常说"动物不会撒谎"，这种说法其实是不正确的。例如，养狗的人说"狗很诚实所以不撒谎"。但是，要撒谎，首先就要有个诺言、约定，但狗是不会约定什么的。也就是说狗是以与"谎言"没有关联的存在方式而存在的。"撒谎、不撒谎"的情况，只会发生在跨越两种领域、作为跨界的人的身上。

如果人没有图中所示圆的下半部分，只有横线以上存在的话，唯有神这样的存在才是可能的。而在这个地球上，人是唯一呈现了跨越两种领域的存在。因此，人既会撒谎，也会有善行。日常乍一看很绅士的人却做出荒唐的事情，这种可能就是因为人有着不稳定的存在方式。

我在这本书中只用到一次"万物灵长"这个词。但我的看法是，这个名称没有表现出身体的存在。人类只是肆意地给自己取了"万物灵长"这个名称而已。

我将图中横线以上部分的半圆标记为：思维的自我＝裁判官、原告（理性的存在）。横线以下的半圆是：感性的自我＝被告（身体的存在）。如果我们单从被告方角度来看，自上而下的法官的判决就是"后悔之念"。（法官的）良心构成法庭这种看法，我称为"良心的法庭模式"。除了在西方整个哲学史上，包括印度等东方，贯彻这一"良心"概念并达到最高峰的，我认为是康德的"良心"论。康德始终坚持"良心是内心的法庭"这种观点。

"良心的斥责"就是"起诉"，有罪判决就是"后悔"。无罪判决是"良心的安宁"、"良心的宁静"。但很遗憾这种情况是少之又少。几乎所有下达的判决都是"后悔之念"。人类能够最大发挥的"良心"作用，很遗憾就只有"后悔之念"。所以，不得不说"万物灵长"这一名称并未表现在身体上。因为无论是"判决",还是"斥责",都是作为"(内心的)他人的声音"而出现的。

　　如果"判决""斥责"都是在自我的支配下,那我说"请给我判决",捂上耳朵,应该就不会再听到。但是(良心的后悔这一判决),就算一时忘记,也不能从根本上消除。只要不赎罪,就一定会听到。也就是说这是他者发出的声音,而我无能为力。从这一点来看,不得不说人们自我的成立,无论是否愿意,都需要"他者"的存在。无论是法官的判决,还是斥责,都是用命令的形式表达。或者说还原为命令。命令是什么呢? 命令是由上级对下级下达。或者说与上下关系无关,"命令"也一定是对"他人"传递的信息。没有人从未受到过(作为他人命令而来的良心的)斥责吧? 没有过后悔之念的人也不存在吧? 我相信,100% 的回答是"没有"。

总论

一个企业家的公共幸福之道

在体验中自我认识的深化

世代继承性形成的危机体验和新的自我认识

事情发生在我 38 岁的那一年。一天，我突然感到身体上产生了一些新的变化。一种不可言喻的莫名的空虚感油然而起，怎么努力，想什么法子都不能克服和解脱它。在我 38 年的生命过程中，是一种未曾经验过的，不可思议的人生体验。这一危机体验改变了我的人生。

我从 23 岁创立公司起，到 38 岁的那一年，已经历了风风雨雨的 15 个年头。从公司的副总经理到就任总经理，公司的业绩以每年递增40%的速度顺利成长。但是，我作为一个企业家的成长，却遇到了意想不到的障碍。至今，我还清楚地记得，那时一天天都沉浸在若有所失的苦闷中，感受着绝对的孤独。这种空疏感是用语言无法表达，无法与外部世界交流的。

直到很久以后，我才注意到，那种身体里感受到大失落的空疏感和绝对孤独的苦闷的现象，实际上是根源于内在的、无意识的、深层心理的自发性的，代表人的生命存在根本意义的自然需求与取向，是对于由外部世界所规定的概念、语言、意识形态所构成的非真实的自我认识和自我意识的一种反思与反省。

我个人在 38 岁时所形成的对自我存在的反思现象；德国的著

名心理分析学家荣格所提到的中年人的心理危机现象；最近报纸上介绍的中国社会的精英层里所存在的所谓 39 岁现象，都说明了这一年龄阶段是人的生命过程中的一个重要的转折点，也是一个新的成长的出发点。经历过这一年龄期的危机体验，就会认识到对于今后的人生设计、生命存在等重大问题与课题，就构成人生的意义是趋向于公共化的世界，还是回归到自私化的小天地里的，个人成长史上的分水岭。

　　为了证实这一认识，我查寻了历史上的伟人们在这一年龄阶段的表现。发现无论古往今来，不分民族职业，大多数的历史人物都在这一年龄阶段选择了为子孙万代造福的公共性事业这一同一性。例如，甘地展开了非暴力主义的不合作运动；孙中山确立了中国民主主义革命的三民主义理论；诺贝尔和平奖的获得者史本兹（Albert Schweitzer）、德莱萨（Mother Teresa）开始了在第三世界贫困地区的慈善活动；被流放到贵阳龙场的王阳明悟到了知行合一的真理；马丁·路德发表了宗教改革的著名的三大论文；西乡隆盛联合了萨长同盟，确定了明治维新的胜利；福泽谕吉出版了推动日本近代化的《劝学篇》；唐三藏法师经历了千难万险由印度取经回到长安；荣格与弗洛伊德分道扬镳，开辟了心理分析学说的新领域；等等。这些对后代产生了巨大影响的历史现象都是集中在这一年龄阶段。

　　著名的心理学家埃里克森对人格形成提出了世代继承性的理论（Generativity）和人格形成七个发展阶段的同一性理论（Identity）。我依据这些理论对自己的被荣格称之为"中年危机"的征候进行了分析，对伴随着这种心理与身体的征候所出现的对自我存在意义的疑虑，开始了不停顿的终生的探索。在人生意义的探索旅程中，与一本参禅的小册子的巧遇，将我的对自我存在意义的探索，引导和提高到了一个崭新的境界。

参禅体验和自我认识的深化

因缘真是一种奇妙的、令人不可思议的现象。当时，在我搜集的近20本有关参禅的书籍中，有一本最不起眼，装帧印刷都显得十分粗糙、简陋的，毫无佛学经验的人们写的参禅体验的感想录。书里记述了那些对参禅毫无所知，担当着超市经理、高中教师等普通职业的人们，在一位盛德未显，还不为世人所知的禅师的指导下，解脱世俗烦恼，进入到一种开放的、觉醒的、广阔无边的禅的世界里的故事和感想。在这本指导参禅的小册子里，京都大学名誉教授清水荣以望睿轩主为笔名在序言中写道，"在广岛县的艺州忠海地区的一座无名的小山上，有一座简陋的禅房，名叫少林窟道场。这里还保持着五百年前不世出的高僧隐敬文大和尚传教的余烬，鼓吹着清新绝妙的禅风。本书仅是入门的提示，与其读而不解不透，不如径直走到和尚的棒下，在棒打断喝声中，灭却心头之无名之火，换来通身的清凉透彻，岂不快哉乎。"这段文字，我是一读三叹，兴奋不已，不由自主地敲响了井上希道老师的禅门。

在井上希道老师的指导下，我在少林窟道场经历了一个星期的参禅体验。参禅是一种对自身的超越，是身心向着主体性的自然的回归。伴随着这种主体性回归，人生历程上未曾有过的对自我认识的体验也随之深化，觉悟，奠定了今后人生的坚实基础。

为了超越自身，需要将散漫的精神集中起来，将全身心投入到一瞬一息的呼吸之中。最初参禅，从凌晨 5 时到深夜 12 时，我在禅堂里打坐，试着将身心集中起来，不留一点余地地全部投入到一瞬间的呼吸过程里。虽然是 6 月，但是阴雨绵绵，位于中部山区的禅堂里还是寒意逼人。到了第三天，雨点打在禅堂的屋顶上，通通作响。雨势越来越大，也许是雨声的反映，我身在室内，却陷入一种如同裸着身子，置身于倾盆大雨的原野之中的奇妙的感觉。渐渐的，我的全身上下开始发热，脸上、腋下、腕上、股上各处，出汗不止，热气自内向外遍布全身，大汗淋漓，打湿了禅堂的草席。

我初次体验到了一种从未有过的安心感和无穷无尽的生命本体的原始力量。

日本著名的高僧道元禅师指出了证佛解脱之道，实际上只是一个"对自我认识深化的过程；而对自我认识的深化，又是一个忘我去私的过程而已。"另一位著名的白隐禅师在他的"坐禅和赞"里提出了众生即佛的宗旨。这些以前只是"别世界、他人事"的与己无关的道理，成为直接感受到的切身体验。

到了参禅的第五天，禅师对我说，出去走走吧！当我从禅堂里走出来时，更大的惊讶和惊喜在等着我。

问禅师借了木屐，随意走到了庭院中。突然间，我感到脚和木屐是那么的沉重，简直迈不开步来。这不是木屐给予脚的重量，而是大地的重量，是整个地球的重量。这一瞬间的感觉，我的脑海里浮现出中国古代经典《庄子》里的"无用之用"这一句名言。

也就是说，木屐下所踏的大地，是日常所谓的"有用"。而在木屐以外的大地是无用的概念。作为自身依托的"有"，外在于我的"无"之间，产生了对"用"（目的认识）的反思。禅宗有"注意脚下"的警句。处于有无之间，对目的价值的反省的体验，震撼了全身全灵。

由这种体验出发，"学道之人不识真，只为从前认识神。无量劫来生死本，痴人唤作本来人。"《无门关》这本南宋时期著名的禅宗语录里所提出的主人公的概念，超越我执化的自然的主体的意义，伴随着自己的身体体验获得了深刻的自我认识。

通过一周从早到晚的参禅体验，深化了与自己身体感觉一体化了的主体的自然和自觉称为主人公的自我认识。奠定了今后各种体验和相遇的立脚点和出发点。

阳明学的心学体验和自我认识的深化

数年以后，我在南非共和国的一所大学里谈自己的参禅体验并回答问题时，一位女教授突然问，自我认识的深化，一定要到禅堂里参禅才行吗？我不由得脱口而出，中国明代哲学家王阳明的理论就是从内发的良知出发，用直接感受的体验就能够同参禅的体验一样，导致对自我认识的深化。

那时，我从随意的阅读中对于阳明学有了一些片断的、不完整的知识，从那以后起，我有意识地对儒学、新儒学作了系统的研究，对作为一种易简之学、体认之学、身心之学的阳明学有了更深的理解。

中国古代，许多圣贤之人，为了求证真理，构筑了人生的实践的学说。如二程与朱子的学说，就被称之为"圣人的履践之学"。每个人的心中都存有"仁"，向作为内心本源的"仁"学起，就有成为圣人的可能。彼人也，予人也。彼能是，吾乃不能为是？圣贤也是人，致力于学就可以达到圣贤的境界。这种终身追求真理的志向，才是学问的正道，才是儒学的真谛。孔子、孟子以来，沉默了千年以上不传之学，到宋学才有了新的发现和总结。从程明道、陆象山到王阳明，从程伊川到朱熹，宋学为中国哲学注入了新的生命力。程学提出，"仁为天下之公，善之本。"也就是说，仁是一种超越私义私欲的天下公平的道德；仁是各种善行中的最根本的最本质的善行。那时的人们立志于圣贤之学，在日常生活中，对作为圣贤的本源之学的仁学真诚地实践，这种时代脉动，超越了时间与空间，像波状脉冲一样给我的全身心传达了历史的感动。

　　距今五百年以前的王阳明，从少年时代起，就向往着圣贤之学，坚信苦学可以成圣的学说，立志圣贤之学。逐渐，王阳明也感觉到，圣人之道在自己的本性里已经具备，不必向外找寻。他认为，不管是什么人，他的内心深处都有圣贤在，只是自己不信，白白用自己的手将圣贤葬送了。无论是什么人，被称作愚夫愚妇的平民百姓，只要唤醒他们的良知与至诚的精神，就能使他们负有承担社会秩序与社会建设的责任感。我在读书过程中认识到，以"书读百遍其义自知"的专注精神，就能够体会在"言灵"，也就是语言的深层处的圣贤的精神。在日常生活中，在心学的体验中，分别义与利、公与私的取向。通过反省，实践，可以将书本上的学说改造成一种活生生的有生命力的学问。通过对致良知、立志的自觉取向的实践；通过与现实世界保持积极参与的关系；通过自己内在的真实的良心的体验，也就是说，通过至诚的体验实践之学，就能够切实加深对真实的人生观重要性的认识和感受。

所谓致良知，就是以自己的觉醒了的良知为驱动力，立志发展和扩大自主的主观性的作用，推进对自我认识的深化，自觉通过实践对作为体验的自我认识予以反省，进一步通过实践促进内发的主体性和主观性的提高。

唯识论的"我执的经验熏习体"和自我认识的深化

参禅时，一直为众多的杂念、妄念所苦。一直不知道其根源在哪里。直到读了日本佛学家后太田久纪的《唯识三十颂》和《成唯识要讲》这两本重要的著作，才知道是"我执化"（自我中心）和"概念化"所造成的。

作为透彻的认识自我的唯识论，是将人作为经验的一种存在，经验是人的造物主。我们每一个人，都是我执化的经验和习惯熏陶构筑而成的生命体。也就是，对以"八识"为基础的具有深刻的利己心构造的人的存在的理解。我们在日常生活里是根据语言、概念等习惯俗成的意识形态（名言），来理解事务，来思考事务。认识能力的高低，思考能力的精粗，都取决于对名言掌握的多寡。所以，名言对人们的生活起着十分重要的作用。另外，名言使我们的思想僵化，制约了对事物的深入认识，使得对问题的思考方式固定化。在名言的支配下，有失去思想认识的生命力的可能。背负着我执化的人的存在的沉重性，在人的"八识"构造中被提示和强调了出来。同时，唯识论又提出了"三能变"的人的构造，强调人格的发展，人格发展的能动性，所谓"能变"就是对这种能动性的强调和体现。也就是说，人格的能动与发展，不但能够改变人的生活，而且，也能够改变与这个人有关的世界。由人格的能变也就是人格的发展出发，能够使我们超越我执化，不仅改变我们自身的构造，而且，也将使我们以本来的面目回到原初的、清净的世界。由此，要有意识地用第六感官、第六意识（智藏）来认识自我的迷惘，解脱我执化的枷锁，为自己未来的生活开辟自觉的方向，拓开广阔的视野，改变生活方式，也就是说，以一个公共化的当事者的立场出发，以人格发展与变革为自己的生活目标与方式，在人的生涯中被称之为菩萨修行的终极关怀。

唯识论充分强调了体验的重要性。例如，美味用语言是无法传递的，只有切身品尝到了，才可能想象到美味的真实性。没有体验作为基础的概念是无力的。实践出真知。从体验的角度来看，是与内在化的真理一体的，显示了无分别的真实的知识。这种体验的瞬间被称之为"时"。数十年的人生在这一瞬间被压缩，被集中到了一点上。人格被180度翻转过来，返回到了自己原初的内在的"时"里去。作为真理的"时"的概念的重要性，怎么强调都不会过分。

如果，不能够对唯识论所指出的，对自我认识已经成为"我执化经验的熏习体"的现象有所认识的话，就不可能摆脱外部世界的影响，人的一生就只能停留在被动性的、喜怒哀乐的层次里。作为人生最大的一个课题是，如何发展内在的良知；如何认识"我执化经验的熏习体"对自我塑造的影响；如何自觉地意识到，自己是一个能动的、积极的公共化的当事者，如何以变革自我认识作为一生的事业。无论时代的变迁，无论社会的变化，我想，这对于个人与人类来说是一个永恒的命题。

根据唯识论的学说，如果我们每一个人能够把构筑自己的人生观放在首位，对受"我执化经验的熏习体"影响的自我认识进行改造和重建当作最重要的课题的话，任何人都可以通过对自己的意识的运用，去大幅度地改变世界，改变人生。

也就是说，每一个人在认识到"我执化经验的熏习体"问题的严重性的前提下，相互之间以对自我主体性的自觉和价值观作为共同的立场。在这一主体公共化的立场上，每一个人都能够形成于确立有着普遍人格价值的自我肯定与自我认识。

"内发的公共性发达体验积蓄人"的理念和自我认识的深化

在我探索人生观的旅程中，在由无意识自发性所主导的，世代继承性的体验与实践过程中，从参禅体验起，深化了对作为主体的自然，即"主人公"意识的自我认识。通过对阳明学的心学的体验实践，从"致良知"、"立志"的理念出发，深化了对形成主体·主观性的能动作用的，更高阶段的自我认识。通过对唯识论的研究，注意到了超越"我执化经验的熏习体"自我认识，以及确立新的自我认识、自我价值观，进而具有这种面向未来的、积极的人生观的重要性。

在中世纪的东北亚地区，只有少数社会精英、士大夫所尝试的由主体性的主观能动性的自觉，推动自我价值观与认识论形成的体验与实践，被称为与现实社会相关联的经世济人之学。通过对自我主体性的认识，通过在现实社会的实践，达到对主体的、自我的真理的主客一体的认识。以主客一体的真实体验深化了的人生观，决定了"内发的公共性发达体验积蓄人"（具备公共意识的主体实践人）形成的基础。每个人通过日常的实践，不断地加深对"我执化经验的熏习体"的局限性的认识，在对自我认识的局限性的超越过程中，从自觉的人生实践里，形成"具备公共意识的主体实践人"的人生观。每一个人通过对他人的人生观的肯定，相互之间促进彼此的内在的主体性、内在的公共性的发展，以主人公的态度向着以公共价值为目标，促成共同行动的人与人之间的新型关系的形成。这种在以公共价值为目标的共同行动中，所构成的自己与他人的经验价值、转变价值，对新的人生观的形成与发展起着极大的作用。

日本明治后期，文学家夏目漱石认为，明治维新以来的日本社会的开化，只是停留在外在的开化。他指出，开化和开放是发现和发掘人的潜力和生命力的必由之路；但是，现代日本的开化与开放，只是一种表面上的功夫，并没有涉及到问题的本质。所谓真正的开化与开放，必须是触及到人的心灵深处，而且是自内在向外扩展与发达的。明治维新以来的日本的近代史，是一部追赶各国列强，采用外在的西方式军事技术、产业技术来实现富国强兵现代化的历史。战后，以科学技术为核心，发展了提高人类社会全体生活水平的外在化的现代文明。在这个世界里，大到国家社会，小到个人生活，无不与这一外在文明密切相关。知识的私有化，使得在有形认知的学习与掌握的过程中，形成了竞争原理，成为这个竞争社会的生存的主要手段。

在对现代社会做冷静的分析与深刻反省时，可以发现为了片面地追求社会富裕与发展，追求外在金钱、知识、物质的增加，而放弃了人格和人性发展这一根本目的的特征。我们希望，每一个人都能够认识到自我的主体性，认识到我执化意识的局限性，自觉地以一个具有公共意识的主体实践人的立场出发，不断超越过去的自我认识，不断地在实践活动中切实体验，总结与积累自我价值观的深化过程中的经验。从人的立场出发，以人需要为目标，一切服务于人，是作为一个具有公共意识的主体实践人自觉的、实现自我价值的基本原则。以高度的公共价值为目的的共同行动的当事人，超越了个人，超越了市场，超越了国家，将这种内在的、体现公共价值的实践与体验加以积蓄与总结，通过每一个人的真实的体验所创造的公共性的经验，达到丰富人们的精神生活的目的。只要坚持以"内发的公共性发达体验积蓄人"的公共化体验为基础的自我认识的不断深化，就有可能达到上述的理想境界。

在体验中目的认识的提高

"超店铺"创业理念和通过企业家体验对目的认识的提高

在我 23 岁的那一年春天，父亲对我说，公司的章程已经制定好了，你就从头干起吧。从那时起，我就在实践中，跟着父亲一点一滴地学，开始了作为一个企业家的生涯。并且以禅宗的"超佛越祖"的论点作为创业的哲学，在商业上大胆地提出了"超店铺"的理念。

自创业初期，不仅跟着父亲的经验学，还涉猎了大量的总结了多数人实践的经验并予以知识化、系统化的理论。不仅将这些理论运用在实践中，而且通过实践使得对价值理念与意义的探索得以具体化，使自己的认识水平和行动能力得以提高，使得"超店铺"的理念在实践中得以贯彻执行。这是在流通事业里，向着以不断提高目的认识的体验为出发点的，理念集约型的新的经营方法的第一步。也是我作为一个不断地向更高的目标和价值理念挑战的企业家，开始了日复一日的名副其实的修行体验。

公司的初创时期，也就是代表性商品的开发期。我作为副总经理着力于畅销商品的研发、生产与销售。以不占用时间、不需要工具、不需要技术为开发目标，克服了手工制品的三大障碍，开发出了"午间创意"的畅销商品。当年就销售了 1 万套；第二年起，以 2 万套、4 万套、8 万套的成倍递增。其中有一个系列的成套商品的销售量，达到了年度销售 100 万套的纪录。

这时，我开始认识到"超店铺"的创业理论，不能只停留在商品开发的水平上。在我就任了总经理以后，将公司的发展锁定在 5 年里"拥有 100 万常客"目标上。将经营的目标从单纯的物质的需要提高到对文化精神的需要，这是对经济目标的认识向更高的阶段转化。我用了 5 年的时间，在日本全国各地举行文化巡回讲演会。每个月一次，主题是"开掘草根文化的源头"。由日本著名的作家、艺术家、学术界、文化界人士作演说。演讲会安排在周六，星期天就在所到之处的商业集聚地，做社会调查、市场调查，强化超店铺的体制与机能。仅仅 4 年零 11 个月，就达成了 100 万顾客的经营目标。全公司及有关人员共 284 人到香港旅游，以示慰劳与庆贺。

从公司的初创时起，我就一直关注着地球环境的保护问题。虽然公司的发展十分顺利，将近 20 年来，公司的总产值每年以40％的速度递增，但是我认识到作为一个企业家，是企业这条大船上的船长，不能够只关心自己这条船的安全，只顾自己公司的成长。要有超越企业内部的经济合理化的眼光，要将地球规模的环境问题、经济问题、劳动问题等等，综合起来进行思考。我开始认真地对公司以外的社会问题、环境保护问题的解决方法，从各种实行错误当中，找出从根本上予以解决的对策，构筑与现行理论不同的崭新的哲学理念。

从创业理念到新理念的确立中目的认识的提高

从"超店铺"的创业思想到明确地提出"幸福社会学的确立与实践"新理念。

新理念的核心理论是"幸福论"。古希腊哲学家亚里斯多德指出，在世界上只有一个合理的、能够作为人类各项目标中的目标，那就是幸福。现代文化人类学家克拉克·洪也指出，2000 多年过去了，在我们所知的范围内，没有人能够对亚里斯多德的这一论点在哲学上作过成功的批判与反驳。日本的社会学家见田宗介在他题为"价值意识的理论"一书中，对这个问题作了进一步的归纳与讨论。

作为一个企业家，有一个每天都要思考的问题，就是追求事业的永续化的课题。而事业的永续化又是与目标的永续化紧密相关的。我对这个问题的思考，最后集中在对"幸福"追求的这个终极关怀的目标上。读了见田宗介教授的著作后，更给我增添了对这个目的认识的勇气和信心。

明确了以"幸福"作为集约的高维的目的认识后，为经营目标与人生目标关系的解决，为驱散长期笼罩在心头的不安、彷徨、苦恼的迷雾，找到了方向。如同拨云见日，那种由衷的欢快之感用语言是无法表述的。日本的著名作家宫泽贤治对幸福的定义是，"在世界上所有的人获得幸福之前，不存在个人的幸福"。根据这一见解，我们要超越个人的幸福，要将众人的幸福同样当作自己的幸福，作为自我实现的条件，将个人的人生幸福与社会全体的幸福结合起来，作为追求与探索人生价值的目标，这就是被称为"幸福社会学的确立与实践"的新理念。

"共创幸福"是新理念的基本概念。"共创幸福"是对个体的幸福与全体的幸福，以及对相关的各个中间集团的幸福的共同理解与认识，并在这种共同理解的基础上共同缔造幸福生活。共创幸福是在日常生活里，通过共同的行动实践与体验具有公共意义的活动。新理念为被个体、全体、中间集团的利益所局限的经营理念和社会理念，提供了更高的目标和实现这一目标的途径。

"超店铺"的创业理念，是为摆脱店铺的局限，创立更开放的商品流通方式的一种追求。"幸福社会学的确立与实践"的新理念，是从人对自我存在意义的追求出发，以人格发展为前提，以个人的共创幸福体验，消费者社会的共创幸福的体验，产业社会的共创幸福的体验之间相互沟通，互为媒介，从人的积极作用出发，使目的认识在理论与实践中能够不断得到提高。

盛和塾的体验与对目的认识的提高

"我作为一个企业家，只是每天不断地提高自我的经营理念。"

最初在京都遇到日本的经营大师稻盛和夫时，就听他说了以上这一番话。虽然只是一句话，但是我感受到了巨大的震撼，因为他最精辟地总结与归纳了迄今为止我的全部的经营实践与体验，使我察觉到了自己的经营哲学上的贫困，同时也直觉地感到在我面前的是一位真正的经营大师。

以后，我就常去盛和塾的前身京都盛友塾，向稻盛和夫塾长学习请教。1988年9月，我和另一位从大阪来的企业家稻田二千武一起向稻盛和夫塾长提出，在大阪也成立盛和塾的支部的建议。稻盛和夫塾长不仅同意了我们有些唐突的请求，还在同年12月访问了我的公司和稻田的公司。当晚，在开设大阪支部的讨论会上，为了更准确地表现共同事业的隆盛与仁德的和合，提出了用稻盛和夫塾长姓氏与名字中的各一个字，将塾名定为"盛和塾"。此后，全国各地的支部都统一称为盛和塾。1989 年 4 月，召开了盛和塾大阪会议，选举了稻田二千武为大阪支部的首席代表。从各个私人公司企业的企业家们汇合到一起，在一个共同的场所里学习与探讨共同的经营理念，这件事从目的认识的方面来看，本身就是一个重要的飞跃。

从 1999 年起，日本全国各地都相继成立了盛和塾的支部。9 月，在富山地区的盛和塾例会上，稻盛和夫塾长提出了在日本全国组成有 5000 企业家参加的 100 个支部的构想。到了 1992 年，出版发行了机关刊物《盛和塾》。我作为这本杂志的主编，希望杂志的内容和理念能够不仅对企业家有帮助，而且，能够在提高目的认识等方面影响到普通的白领阶层、学生等广泛的读者群。为此，还必须在哲学理念与目的认识的提高上，作更大的努力。《盛和塾》杂志是双月刊，迄今已经出版了第 46 期。

今天，盛和塾在日本全国已有了 55 个支部，拥有 3000 人以上的企业家会员。在巴西、中国大陆和台湾等国家与地区，都开展了广泛的国际交流活动。

盛和塾是一个学习与探讨利他精神的团体。企业家将在盛和塾里学到的哲学与理论，作为自己人生的指南，作为企业经营的坐标轴和出发点。将企业经营作为社会公器来看待，促使企业家的立场向公共立场转化。盛和塾作为一个公共化的场所，在企业家的相互学习钻研，公共价值理念不断提高的过程里，企业家自身产生了本质的变化。有了企业家的变化，会带来公司企业的变化，带来与公司企业相关的每一个人的变化，进而带来地域社会、市民社会的变化，也会对日本社会的将来产生影响。为社会创益，为后代造福的公共理念，一旦成为大多数企业家的目标的话，那么，通过经世济民的实践活动，就有可能实现和合社会的理想，使每个人都能够去实现自己的美好理想。

京都论坛的体验和目的认识的提高

1989 年 9 月 17 日，我在访问法国一座著名的本尼迪克派修道院时，突然想到，我们的生活本身，不过是不断地实现无限提高的目标的手段而已。人们往往只是使用这些手段中最容易得到的手段来达到自己的目的。我们往往将作为手段的眼前的目的，误解为自己的目的，而忘记了作为人的存在的本来的目的。当晚，我和清水荣教授、井上希道禅师一起，对人生的目的、意义等问题作了彻夜不眠的讨论。这场讨论使我们认识到了，有必要超越自己的局限，从无私的立场出发，汇集志同道合之人，在对话的共振共鸣中，为人类开辟未来的坦途。这一共识，成为"京都论坛"的出发点。

1989 年 11 月 3 日（文化纪念日）在国立京都国际会馆里，正式成立了"京都论坛"这一非营利的民间组织。

担任座长的清水荣先生是京都大学的名誉教授。1957 年发表了著名的清水研究报告，根据对覆盖在日本的第五福龙丸渔船上的核发射性物质的研究，揭露了美国试验新式氢弹武器的事实。这篇研究报告对世界反核运动产生了巨大的影响。帕格沃什会议的代表罗德布拉特博士告诉我，这篇研究报告的内容，对爱因斯坦和罗素的世界和平宣言的发表，以及成立和平利用核能的科学家团体帕格沃什会议（帕格沃什会议在 1995 年获得诺贝尔和平奖）起到了很大的推动作用。

被日本哲学家谷川彻二称为"爱因斯坦原则"的"避免全体人类社会毁灭的目标的实现，应该优先于其他任何目标"的理念，也成为京都论坛的原则。京都论坛在科学与宗教这两大领域里，对于可能对人类社会造成全体毁灭因素的，外在的地球环境的破坏和内在的人的精神性的破坏这两个方面，进行充分的讨论。

以良心的觉醒为志向，以人类社会的未来的幸福为共同的认识，从封闭的自我、封闭的社会逐渐过渡到自我的开放、社会的开放，京都论坛在一个很小的范围里，走出了决定性的一步。从唤醒人的良知与立志做起，相互超越自己的局限，从无私的立场出发，汇集志同道合之人，为追求更高的目的认识和价值观，在对话的共振共鸣中，为人类的千秋万世开出太平事业。京都论坛成为实现以上目标的实践与体验的场所。

将来世代国际财团的体验与目的认识的提高

1992 年 6 月，参加了在巴西的里约热内卢召开的地球环境开发会议（UNCED）以后，同年 7 月在美国设立了将来世代国际财团（Future Generations Alliance Foundation），在日本京都设立了将来世代综合研究所。所长是京都论坛初创时期的参加者金泰昌先生。

将来世代国际财团的基本理念是"永续的发展"。是承继了地球环境发展会议持续可能的开发（Sustainable Development）的精神。超越现世代的各种局限，从将来世代的观点出发，使现世代与将来世代的目的与利益予以统合，并提升到一个更高的境界。

1993年9月起，以将来世代留学生论坛的形式，招待来自各国的留学生到日本各地参观访问，体验日本的历史文化。从将来时代的观点出发，对留学的意义，对日本的理解，对今后的理想等作了彻夜长谈。这样有着超越世代、超越国界意义的，出自良心的交流，经过了20次深入的对话和学习，使大家对作为目的的人格形成的重要性，有了共同的认识。

从1993年汉城的国际会议开始，在世界各地召开了近30次将来世代国际学识者会议。在国际上通过从将来世代观点立场出发的、学识者们之间的对话，使参加者对协动的公共化的当事者、媒介者的认识，有了共同的提高，国际间的志同道合者的沟通与联系，有了进一步的切实的进展。

从1998年4月起，对公共哲学这个重大课题进行了每次3天、共34次的彻底的讨论。通过对话这种协动体验的方式，在这个共同研究的场合，对公共化的意义有了共同的体验。各个不同领域不同学科的专家学者们，都在公共化这个更高层次的、作为目的认识的问题意识上，通过学习、讨论和体验，加深了理解。是人所制造的封闭的社会构造，自我封闭的心理构造，造成了人性危机、人格危机和不断扩大的地球环境问题。当我们对公共化的问题有了进一步的认识时，就发现一定要超越个人的、各种中间集团的、国家的概念所造成的割据。自觉地认识到，只有将每一个人的基于良心的协动的体验价值，作为向将来世代赠送的良心的觉醒与立志的礼物；并且将对未来的影响，对人性的恢复、地球环境的恢复的认识放在重要的位置，才有可能，通过参加人性与人格永续发展的世代生生的协动公共化活动的体验，构筑一个开放的社会构造，从根本上解决人性危机和地球环境的危机。我对这个结论是坚信不移的。

体验式意义探索的 5 个 beyond 体验

超越自我主义

第一个跨越心灵之墙的 Beyond 是 Beyond Egoism（超越自我主义）。

超越自我主义的体验是通过我本人参禅以及后来通过唯识进行内省所获得的，这使我深深感受到超越日常生活中的自我固执化的经验熏习结构体这样的自我认识是多么的重要。

作为一个人能够在多大程度上使自己哲学化？我亲身体会到，引导我进入解脱之山门的参禅体验结束之后理论上理解了的经客观化和概念化了的客体知识的世界，与直接体验的、作为主体性的主观的体验的世界之间存在着犹如生与死一样的巨大差距。我再次感受到，我们是具有用语言和文字去说去写、去超越思考的全面的全人格发展之感受性的存在、即作为可称之为宇宙主体的睿智的生命之作用。另一方面，在禅堂里反复出现的杂念和妄想使我充分体会到我们的自我固执化的意识和体验以语言、概念、思考的形式妨碍生命本有之作用。

通过这些参禅活动、无意识的自发性的身体感觉以及从阳明学所得之心学体验，使我深刻感受到，不为自我固执化所左右、基于内发式的公共性这种真正的自我认识，认识到还有另外一种清新的生存方式存在；只有这种生存方式，才是作为被认为每个人都蕴含着真理的我们应该追求的作为随时与现实世界发生关联的人的真实体验的良心的合作化的生存方式。

我们所说的超越自我主义是指不被自我固执化和概念左右的生存方式。我意识到，从热衷于作为容易切断与周围关系的个体的利己的自己开始，到信赖相互间的良心的合作公共化体验这样的内发式公共性发展并在此基础上培养和周围的关系，活用未来建设性的、关系形成性的相互公共化之心，朝着"作为和谐之作用的自己"的方向在日常生活中深化自我认识本身。我们要超越有着自我固执化的经验熏习体的相互怀疑、相互竞争之存在，有意识地作为相互信任、相互关爱、相互尊敬的生命之生成而行动，即相互通过体验分享参加大宇宙之活动的生命之喜悦，通过良心的合作化体验作为和谐之作用的自己。

基于这样的体验，我觉得应该于日常生活中逐步实践自我固执化之超越、确立内发式的公共性发展体验集中之人这样的新自己观、通过实践沿着超越利己主义的体验式意义探索之路向前迈进。

超越眼前主义

第二个跨越心灵之墙的 Beyond 是 Beyond Nowism（超越眼前主义）。

超越眼前主义之体验是通过京都论坛这个非营利组织而获得的。我觉得这个体验开启了我为迈向更高层次人生观的作用认识。

通过《坐禅的坐法》这本书我认识了井上希道老师这位禅师，后来又扩展到京都论坛这样一个对话共振式的场所。

我们京都论坛的活动又以 1992 年的地球首脑会议（关于环境与开发的联合国大会）为契机，为了下一代进一步扩展到了全球规模。

最初作为"地球首脑会议"的启蒙活动，我们翻译发行了此次会议的正式会议简报"地球首脑会议新闻"。这份报纸分发给了以国会议员、学术会议的会员、经济四团体的负责人、新闻出版单位的有关人员为主的 1 万多名日本有影响的人士。后来环境厅拨出预算接管了这项启蒙工作。

另外，由我们负责的通过地球首脑会议的正式宣传品征集会议赞助广告，得到了领导今日日本产业界之人士以及上市企业的企业家的支持，为了地球的后代开展了支援 UNCED 的活动，还就地球规模的公共问题意识和认识公共作用问题达成共识。

很荣幸的是地球首脑会议委员会指定我们作为《Earth Summit Times》的共同发行人，对我们京都论坛来说，这个刊物的创刊是一件意义深远的活动。1992 年 2 月到 4 月在纽约联合国总部的地球首脑会议准备会议期间发行的日报受到好评，后来在里约热内卢举行的地球首脑会议上作为大会唯一指定报纸（日报），面向包括里约热内卢的大会会场、联合国总部以及国际机构，各国政府代表、各国的 NGO、各国的媒体，在世界的主要城市免费散发，其所作的贡献得到国际上很高评价。

另一方面，作为环境改善项目的实践性的支援活动，得到了

邮政省的国际志愿者存款的援助。我们与京都大学的老师一起开
展了很多活动，其中包括在泰国进行的由火田农业向定居式农业
转换的支援项目，对于战后把印度象这样一个梦一样的礼物赠送
给日本孩子的印度人民带着报恩的心情开展了"印度象的报恩朋
友运动"，用粘土包上种子再用飞机进行播撒的沙漠绿化项目以及
母子植树活动等项目，今年已经是第十个年头，所种的树木已超
过 2000 万棵，形成了一定的规模。

　　我作为一个企业的经营人员、一个 NGO 的事务局长，为了
"成为健全的 NGO 的世界典范"，先后于 1991 年 12 月、1992 年 1
月和 2 月访问美国，多次与上面提到的给了我们很多机会的
UNCED 事务局长会谈，并认识了地球首脑会谈小委员会议长以及
环境基金 92 的总裁们。现在逐一回想起这些交往以及后来的很多
经历，我深深感受到这些经历都是由一次性的美好的相识而生、
每次相识重叠起来形成了互相思念的足迹。通过这样的体验我再
次从心底里感受到，只要以内发式的公共性问题意识为立足点、
以高尚的理念把握现在的机会，因缘无量就会在全球规模扩大、
发展。

　　我们所说的超越眼前是指不要为眼前所左右的生存方式。从
过去到未来，现在是直线型的时间所经过的一个点，不要停留在
现在的认识上，现在、这里，把我作为缘的起点、立足点，作为
更高层次的合作公共化的当事人、中间人，把握解决问题的因缘
无量的机会，在一瞬间一瞬间的现在、这里，我感到连接到无量
扩展之缘的实践因缘无量的生存方式才是体现真实体验的生存方
式，这种生存方式非常重要。

超越国家主义

第三个跨越心灵之墙的 Beyond 是 Beyond Nationalism（超越国家主义）。

超越国家主义的体验是通过在里约热内卢召开的地球首脑会议（UNCED）上发行 UNCED 正式报纸《Earth Summit Times》而获得的。我作为共同发行人有很多感受。从这样的体验出发，我深刻感受到扬弃主张国家利益优先的国民国家观的对立，作为更高层次的统一目标，用下一代的观点重新审视作为地球市民的认识和行动的重要性。

我本人在里约热内卢作为 UNCED 正式日报的发行人，通过采访各国持各种立场的人，感受到时代已经超越由产业革命和法国大革命所强化的国家和个人这样的价值观体系，正在寻求新的价值观。同时，在里约热内卢，有史以来第一次最大规模世界各国首脑会聚一堂。与这个重大意义相反，在会场上曾经被称为伟大的国家元首们在面对地球的问题时，我所看到的只不过是背着国旗的国家利益的代言人。这是一次让我震惊的体验。通过这次体验，我坚信，时代正在作为地球的市民，把自己的经验价值转化为有益于人类的公共化实践的示范型的人类观，追求更高层次的公共性的实践哲学。

我们所说的超越国家主义是指不被国家和权力左右的生存方式。是由迄今为止的依存于国家和权力的生存方式从根本上转变为作为以关系性为基础的一切互相关联的宇宙生命，相互意识、体验、自律、连带的生存方式。

我们坚信，每个人都把自己定位为在人性危机中再生的变革主体，把自己的自立和自律与合作公共化的当事人、中间人的自我认识和实践相结合，追求高层次的世代生生的合作共同化，发展人类的活动，只有这样才是人们超越国家利益割据型的国家主义的观点，作为更具公共性的变革主体的全球性的生存之路。

超越科学万能主义

第四个跨越心灵之墙的 Beyond 是"Beyond Scientism"（超越科学万能主义）。

超越科学万能主义的体验是在参观了广岛的原子弹爆炸资料馆和胡志明市战争犯罪纪念馆以后，对于客观观察型的科学技术万能主义所带来的进步、即主客变容式的公共化这样的人类发展进行了思考。

原子弹和枯叶剂所使用的科学技术虽然不同，却都造成了大量的死伤，至今仍有很多婴幼儿带着后遗症和受到损伤的遗传基因被生下来、活下去。虽说是为了取得战争的胜利，但这是为了目的不择手段的近视眼式的领导人和人们所作的孽，看到这些悲惨的景象，我全身感到颤抖。

另外作为将来世代国际财团的活动而举行的帕格沃什会议和其他共同举行的会议，以及对亚洲、欧洲和北美各地的考察时，和专家交谈都不断使我感受到超越作为对象思维和分析思考体系的科学技术万能主义的价值观的必要性。也就是，人类要向自身学习，重要的是认识到自身中所潜藏的作为主体自然的"全人格的生命的喜悦"。此外，基于这样的体验，感受到能够体会到每个目标的作为目标的幸福的幸福之学以及没有扎根于"大家一起通过大家为了大家的自我变革"的幸福的实践，就不能适应被称为地球环境危机和人性危机的时代。我们所说的超越超越科学万能主义是指不要被视科学技术和知识为唯一力量的生存方式所左右。具有自我固执化的意识倾向性的人认为因分工而引起的对象式的、分析式的、专门的、客观观察型的知识对人类是合理的并加以绝对化和割据式地看，把人类本来具有的潜在的可能性进行对象式思维，使把全人格的人的意识力部分从属化的近代客观科学技术一边倒的社会向培养未来世代的观点这样的全人格的统一知识、恢复作为人的人性的全体性、基于良心的自我体验的弱点的自我认识以及通过温情的连带发展主体的公共化、迈向更高层次的世代生生的合作公共化的人类发展社会发展，努力进行作为全人格的人超越科学技术万能主义的体验型意义探索。

超越经济至上主义

第五个跨越心灵之墙的 Beyond 是 "Beyond Economism"（超越经济至上主义）。

超越经济至上主义是我通过自己长达 37 年的经营体验而认识到的，以超越产业化理论中的人类观为目标，向通过更高层次的人类观而成立的为了生活者的生活社会转变，只有这才是领导产业化至今的企业家的责任，作为人的今生今世的责任。

我的经营体验是在我 23 岁那年的春天，最初是从自己的将来和家庭的生活转向思考事业未来的发展开始的。

后来，从产品开发的持久性到市场开发的持久性，进而到生活价值的持久性，从产业社会中的生产方、销售方的观点，扩大对于生活者进而对于生活者所生活的社会的持久性的同时，逐渐扩大作用认识的结构并加以高层次化来培育自己的事业。

但是经历了石油危机以后，随着从宇宙飞船地球号的观点加深对于有限的地球的认识，我意识到仅在企业内部思考持久性的愚昧。可以说，使我很受震动的是，迄今为止仅在船上议论安全，缺乏向船外面散布污染的环境污染和可以称之为船行驶前方的悬崖峭壁的资源枯竭这样的观点，近视眼式地经营着企业。

也就是说，为了企业的利己目的即内部经济化，对外部非经济化和内部非伦理化进行扩大再生产并延续到后代，可以说是作为经济界人士对于不断制造着扭曲的产业社会结构的发自心底的深层意识和反省体验。

通过这样的经营体验，以作为个体的我为出发点，确信从利润动机社会和憧憬便利社会之类的满足欲望的期待所筑起的私心化的束缚社会向各自承担公共的作用认识的社会、也就是从使利己目的依存于力量和强大之类的客体的扩大来期待欲望的满足向作为全人格的主体来认识承担公共的作用、唯有脆弱和温情这样的面向主体之连带的生存方式本身之示范性改变才是今后作为社会和人所应努力的方向、是新生活社会的存在方式。我们所说的经济至上主义是指为金钱和名利所左右的生存方式。把人作为生产手段的劳动者观、作为生产目的的消费者观、也就是在产业化的理论中以人类观的超越为目标，向更高层次的人格发展、人的发展的人类观以及相互培育丰富人性的为了人类的经济、也就是作为人利用开放的市场原理培养作为更高层次的合作共同化的当事人、中间人的使命，也就是唯有面向道德经济两全的开放型的社会的作为开放型的面向人的生活的、面向真正的经世济民的经济活动的一个人一个人的参加体验，才是面向相互培育公共性的作用认识的人生观和社会观、对于产业社会一边倒的摆脱。当然也可以说，把经济至上主义作为合作公共化的手段，这也是不断面向高层次的世代生生的经世济民活动进行体验型意义探索的人的活动的开始。

在公共哲学研究会上学习到的体验

私心化的束缚结构和对公共性的思考

在 1998 年 4 月开始的公共哲学共同研究会上经过反复学习，我们发现，与公共性相反，我们所处的世界是如何具有受到各种程度的多重化的私心化结构。也就是说，使我感受到从宏观层次的国家和社会到微观层次的自我意识结构和生活习惯，并且从认识阶段到行动阶段，可以说都是在被结构化了的私心化的束缚的世界中生存。

也就是说，宏观上，近代化这样的以科学技术文明为基础的产业社会结构是无限地把对象区分为小单位，期望用最少的投资获得最大效率化的社会，把每个个人所具有的潜在可能性根据专业领域进行分工，进行阶层化，这就难免把本应是全人格的存在的人的意识力封闭到被部分化、从属化、阶层化了的私心化的壳里。而且，在微观层次上，作为更根源性的课题如"唯知"已经表明的那样，向着每个个人的作为人的本能存在于内部并产生强烈作用的自我固执化的经验熏习体方向精神结构产生自我固执化，把自己绝对化，割据式地看自己，或者对于他人把自己合理化，时而变得傲慢，逃避他人，钻入厚厚的多重私心化的壳里。此外，为培养产业社会的预备军，在学校教育的名义下被社会制度化了的私的知识所有的竞争中开始的人生从儿童时期就存在使私心化的生活态度习惯化的危险等等，存在着无尽的不安。

基于这样的想法，我们应该反省，迄今为止的公共性是由国家权力进行管理的公共性，本来具有公共性的人这个主体是被分割开了的制度等客体层次上的公共性，由于纵向排列的行政组织所具有的专门知识，人性是在被部分化、从属化之后的来自外部的公共化，割断开作为人性的尊严以及人格发展的公共化。

另一方面，我本人也在反省迄今为止的把公共性完全委托给他人的人生，并重新对"公共性是什么？""公共性是为了谁？""公共性为了什么？""承担真正的公共性的主体是什么？"诸如此类的不断涌现出来的问题反复进行自问自答。其结果，这个体验使我认识到，对于迄今为止的公共性问题，绝对信赖完全委托给非神的人的公共性所引起的恐惧这种自己的认识态度从根本上就是错误的。

追问真正的公共性的承担者

这个体验使我反省自身的认识态度中存在问题。迄今为止，学习公共性的时候多是把学者们的言辞以第三者的、表面的形式性知识进行理解，可以说是把公共性停留在客观认识的基础上，或者，即使是主观认识也只是直观地、依存式地、他责式地在自身默认的知识层次上一边加以筛选一边听讲。

通过这样的自身体验，我认识到，公共性是指，各自认识作为当事人的主体性的作用，各自针对公共性及其发展问题不断进行提问，唯此才是生活在真正的目的认识中；为了达到作为真正的作用认识、真正的目的认识的"公共化"认识的发展，必须以作为真正的自我认识的"我"的认识的深化为立足点。

也就是说，我们认识到，只有以作为"我"的认识的深化的内发性公共性的发展为起点的内外合一的公共性，才必然是追求真正的公共性的生存方式。因此，所谓公共性是指并非是有人有意图地建立起来的封闭式的系统，而是通过人的生活经常地面向更高层次持续开放，同时确定人们的作用认识的方向。我们感觉到，公共性的恢复是指，不是"客体"一方的问题，而必须是成为作为一个一个的人所具有的真正的作用认识、真正的目的认识的恢复的各自主体性的和主观性的公共性的恢复，唯有这里才是人本来的课题，唯有此类"作为作用认识的公共性"的认识结构的发展才是提高个人和社会面对公共性的对应能力的发展方向，显示孕育公共性的社会的发展方向。于是，当感觉到"公共性"这个词被理解为本来所具有的确定内发性动机的意义时，对于被自我固执化和割据式看问题的公共性，内发式地促进基于为了各自的作用认识的良心觉醒的更高层次的公共化，在没有人格实践者的社会中真正的公共性的承担者承担起责任的公共性回归的学习正是现在所需要的。

通过意识化、体验化进行公共化的自己

经过多次在公共哲学研究会上聆听博学的议论，我终于感受到，在自己的内部可以称之为良心的觉醒的、过去隐隐约约感觉到的不安和不满明确地作为问题意识被发现，这又作为公共性的问题进一步使我加深了认识。并且，经过反复内发式地把其公共性的课题作为自己的公共性作用认识的发展课题进行重新思考，切实感受到自身的认识态度和作用认识上发生了实在的变化。

有关公共化打开我的主体的公共化体验和主题的公共化体验相互融合，也就是作为全部人的体验重新看问题时发现公共化并不是人为的概念，而是人内部的自然的安排。每个人的内部存在的人的自然才是公共化的原动力，为了恢复人的自然、人本有的实体的无意识的自发性才是公共化。我感觉如宇宙一般无限开阔的内发性的公共性的发展，这样的主体的公共化的融合体验才会成为真正意义上的公共化的立足点。

也就是说，我开始觉得，迄今为止把公共化理解成公共企业以及公共团体等公共机构之类的外在性实体，但是实际上应该理解为每个人被内部化了的心理状态，或者，不是通过人类社会的制度化了的作用和公共政策从外部加以理解，而是只有以面向恢复社会成员每个人每个人的人的自然、人的本来实体的来自内部的良心为出发点，真正的社会的公共化才能发展。

重新思考迄今为止的这些体验，我觉得，公共哲学只有作为一个一个人的良心的觉醒体验和基于这种体验的立志才是其发展的原动力。也就是说，良心这样的内面化了的自己，即通过日常生活中的合作公共化的体验将全人格的自己的发展加以意识化、体验化，以此开拓自己内在的公共性，自觉地坚持向高层次发展公共性，经过意识化、体验化的公共化的自己这样的志向的出发点就形成了。

通过对话和协调进行的合作公共化所培养的主体的公共化

通过在公共哲学研究会上的对话所获得的合作公共化体验，把其公共性的话题内发式地作为自己的公共性作用认识的发展课题多次加以再思考，其结果我感觉到自身的认识态度和作用认识都发生了确实的变化。通过在学习场所的体验，我感受到了对更加开放的外部世界的公共化认识的扩展以及更加深化了的作为体感之学的公共化。

通过这样的体验我重新认识到公共化是一种理念，公共哲学又是主体的实践哲学，公共化还是为自己的感受性发展确定方向的意义深远的心的学习活动。

唯有把开放的不断提高的各自的公共性作为相互对话的基础进行认识，对话的公共性才会成立。也就是说，超越语言和概念、专门知识和经验的差异，与人共同拥有、共同活用自己和他人的全人格的全经验知识的立场，把对话的公共性提高到更高层次，并且开放作为场所的对话空间，向更高层次发展。

我感到，坚持这种对话，通过更加开放和高层次的对话的公共性，朝着对话场所本身的进一步公共化，公共性向更高层次的发展也就变得可能。

另外，公共的场所因为具有共同研究公共哲学这样一个高层次的合作目标，我直观地感受到了与思维和研究这样的分别知性质完全不同层次的实践体验所带来的统合知识。

这样的共同研究的场所始于通过语言进行的对话，但是语言这个客体具有加深对立和促进相互间的注意和协调两个侧面。这个共同研究会成为公共化的场所，通过这个场所，相互作为全人格的主体的人存在，超越语言和对专业知识的理解和认识的差异，在共同研究公共哲学这样一个公共空间的场所相互提高各自的公共性，为使其成为行为哲学、实践哲学以及关于主客合一、自他合一的实践的公共性的哲学的场所，通过对话和合作培育合作公共化的当事人体验和中间人体验，培育主体的公共化以及主题的公共化以及通过立场的公共化实现人格的公共化。

中间集团的公共化、世代生生化及其课题

正如环境问题那样，扩展到地球规模的认识层次上的宏观的公共性和日常生活实践这样的行动层次上的微观公共性，也就是对于认识层次上的公共性和行动层次上的公共性之间的差距、通过连接个体和社会、个体和未来的种种中间集团、朝着更高层次的世代生生的合作公共化体验的方向、通过多种多样的活动随时引导其朝着更具实效性的方向发展，可以说这是每个世代的永远的责任。但是，更根本的问题是，作为超越一个一个生活者的自我意识和大量物质性的成长的精神、人格层次上的公共化的当事人的自我认识和实践，以及，通过自上而下式的连带朝着更高层次的世代生生的合作公共化目标，不断积累社会实践和不厌其烦的挑战才是最重要的。也就是说，把认识宏观认识层次上的地球规模的公共化定位在为了实现日常的微观的生活主体所进行的行动层次上的公共化所需要的生活实践的机会，作为促进有机结合的文化加以培养，使之成为世代生生的生活文化。

1992 年春天在东京见到了当时的印度森林环境部长马尔·那什，在印度开展的植树活动就是从以会见时所谈的话题和背景在

印度制作的节目的录像带开始的。问题的关键在于，"在印度开展以男人为中心的植树小组进行植树活动时，进展总是不顺利。但是以女性为中心的植树小组进行植树活动时，很多情况下却进展顺利。"也就是说，大家即使共有一个植树的目的，为了养家糊口挣工资的男性所组成的植树小组种的树很难在山上扎根，而以母亲为中心的女性小组则不同，她们想起小时候只要进到山里，就会有很多的果树和山野菜，她们以恢复山的本来面目为目标，想着不能让自己的子孙后代更贫困，所以干旱时给树浇水，就像养育自己的孩子一样，一棵一棵地栽下苗木，并且坚持进行培育。她们为子孙后代着想，充满母爱的行动跟男性比起来有天壤之别。我觉得这个问题涉及到成为全部这些行动的出发点、驱动力的良心的觉醒和志向层次上的公私问题。

后来又在比哈尔邦、奥里萨邦、西孟加拉邦以及与佛陀和泰戈尔有关系的地区坚持进行植树活动。印度独立 50 周年的前一年去世的曾经被称为自由斗士的泰戈尔协会会长达斯古普塔先生充满感情地跟我谈到，"甘地使印度获得了独立。但是独立 50 年以后的今天我们仍然不得不依靠外国的援助进行农业的自立活动。我们把泰戈尔提倡的农村自立之灯提高到国际间的已经自立的农村之间的国际文化交流的高度。"他的话使我觉察到了公共化这样一个没有止境的心愿之旅的目标。

在中国，我被建设新疆、绿化沙漠的创业者们的"献了青春献终生，献了终生献子孙"的无私奉献精神所感动。在拜访当地的吐鲁番沙漠化研究所时，负责现场指挥的李所长的座右铭是，"我们把风沙带走，留给后代碧绿的绿洲"。我被他的这种世代生生的公共精神感动了。另外，为了绿化不毛之地的沙漠，以王震将军为首的军垦战士们冒着严寒和酷暑一代接一代，50年来在中国西北部地区新疆的沙漠中建设了300万公顷的绿洲。看到表现当年开垦雄姿的雕像"军垦第一犁"以后，我感觉到，迄今为止的近代化文明都是以"我"为主创造出来的，而共同拥有"公共"的这些文明的公共化精神以及人格发展的经验的资源将成为中国乃至全人类可以共有的朝着公共化发展的具有经验价值的资源。